台湾を愛した日本人 II

「KANO」野球部名監督――近藤兵太郎の生涯

古川勝三
Katsumi Furukawa

アトラス出版

台湾を愛した日本人II

「KANO」野球部名監督——近藤兵太郎の生涯

目次

序章　顕彰碑「球《たま》は霊《たま》なり」

顕彰碑に彫られた近藤兵太郎の言葉

平成二十六年（二〇一四）十月六日の夕刻、愛媛県松山市営「坊っちゃんスタジアム」の庭において、近藤兵太郎の顕彰モニュメントの除幕式が行われた。主催したのは、台湾野球交流事業「近藤兵太郎をたたえる会」実行委員会である。

台湾からは嘉義《かぎ》農林学校野球部ＯＢや中華民国野球協会、それに嘉義市長をはじめとする嘉義市政府の職員が参加し、愛媛県側からは中村知事や野志松山市長をはじめ、兵太郎の四女岩崎芊子《しげこ》夫妻、新田《にった》高校野球部ＯＢ、松山商業野球部ＯＢなどゆかりの人たち百五十人あまりが参加して盛大に行われた。

当然のことながら、平成二十五年（二〇一三）の春節に台湾で公開され、大きな反響を呼んだ映画「ＫＡＮＯ」の近藤兵太郎役を演じた永瀬正敏氏や呉明捷《ごめいしょう》役の男優、出演女優も参加した除幕式だった。

会場には愛媛県特産の大島石で造られた顕彰碑が置かれていた。生前、松山に野球を持ち込んだ正岡子規の顕彰をしたいと言っていた近藤兵太郎の顕彰碑は、正岡子規の顕彰碑のすぐ側に設置されていた。正岡子規の顕彰碑は、平成十三年に正岡子規生誕百年を記念して松山東ロータリークラブが寄贈したものである。

坊っちゃん球場の子規顕彰句碑

大きな土台には、兵太郎が選手によく言っていた「霊《たま》正しからば球《たま》また正し　霊正しからざれば球また正しからず」の言葉が、その上に乗る直径一メートルの硬式野球ボールの石にも「球は霊なり」と彫り込まれていた。兵太郎が常日頃から選手に言い続けていた言葉である。

式典は「近藤兵太郎をたたえる会」の会長であり、顕彰碑建立に奔走した林司郎会長の挨拶から始まった。

話は、この顕彰式が行われる二年前の平成二十四年（二〇一二）に遡る。それは台湾からの一本の電話で始まった。

台湾の映画制作担当者からの電話であった。電話を受けたのは、東京都八王子市に住んでいる呉明捷のご子息・堀川盛邦（日本名）氏であった。呉明捷は嘉義農林野球部の選手で、第十七回全国中等学校優勝野球大会で四番バッターとして活躍したエースである。

話の内容は「台湾で嘉義農林学校が戦前に甲子園に出場して、準優勝をした。その時に指導した監督が近藤兵太郎という松山出身の人なので、詳しく知りたい」ということだった。そこでただちに、知人に連絡が取られた。

旧知の仲だった新田高校OBで、早稲田大学野球部でも一緒だった亀田健氏に電話が繋がった。亀田健氏は新田高校野球部で近藤

除幕式で挨拶する林司郎会長

監督に指導を受け、結婚に際しては媒酌人までしてもらった人である。その後、亀田健氏から松山市在住の林、野村、高山、一色氏などの新田高校野球部OBに連絡が取られた。この話は松山市役所にも連絡があったが、近藤兵太郎なる人物のことを知っている職員はいなかった。戦後になって指導を受けたことのある新田高校野球部のOBでさえも、戦前の台湾で活躍し、映画が作られるような監督であることを知っている者は皆無であった。すごい監督だとは思っていたが、台湾で有名な指導者であったとは、考えたこともなかったからである。

平成二十五年の夏、新田高校野球部OBのうち松山在住のOBが会合を持った。恩師である近藤兵太郎監督を顕彰するための話し合いが持たれ、十月には「近藤兵太郎をたたえる会」を設立した。会長には最年長者ということで、林司朗氏が選ばれた。設立したとはいうものの、台湾でどのように慕われ、尊敬され、有名なのか誰もわからない。それもそのはずで、近藤監督が部員に台湾でのことを話したことは、一度もなかったからである。

話を聞いた「近藤兵太郎をたたえる会」の面々は、とにかく台湾に行き、実際にどのようなことになっているのか知る必要があった。そこで林司朗会長は松山市役所の職員と地元テレビ局二社を伴い、五人で台湾に飛び立った。

行き先は近藤監督がかつて住んでいたという嘉義市である。近藤監督が活躍した舞台は、嘉義市にあった嘉義農林学校野球部である。しかし、それは戦前の話であり、戦後はどうなっているかもわからない。とにかくかつての嘉義農林学校を訪ねた。

日本人が引き揚げた後に幾多の変遷を経たのか、嘉義農林学校は嘉義大学に昇格し、場所もかつての嘉義農林学校から南東に移転していた。その嘉義大学の校庭に入った瞬間、巨大なモニュメントが目に飛び込んできた。

ＦＲＰ（繊維強化プラスチック）で造った巨大なボールには「天下の嘉農」と日本語で書かれていた。また近くには、昭和六年に台湾代表として甲子園に初出場し、準優勝した大きなステンレス製のモニュメントが、日射しの中で天空にそそり立っていた。これだけでも圧倒されたが、学長室のかたわらには近藤監督を顕彰するコーナーがつくられ、その功績が華々しく展示されていた。

嘉義大学のモニュメント

林会長は驚愕した。愛媛県はおろか出身地の松山市でさえも近藤監督のことを知る者はほとんどいない。直接新田高校で指導してもらったにもかかわらず、その業績は誰も知らなかった。無理もない。近藤監督は、野球の話はしても戦前の台湾での話は一切しなかったのだから知るわけがない。しかし、目の前の業績の数々は現実である。なんとかして、少なくとも松山市の人々には近藤監督のことを知ってほしい。いや知ってもらわなくてはいけないという感情が沸き起こり、血液が身体の中で逆流するような感動をして帰国の途についた。

松山市民だけでも近藤兵太郎の業績を知ってほしいという思いは、日に日に強まった。仲間と相談し、嘉義大学にあるような顕彰碑を造り、「坊っちゃんスタジアム」の一角に設置したいという思いは、全員の一致した揺るぎない願望に変わってきた。林会長は、支援を仰ごうと奔走した。

そんな中、年が明けた平成二十四年（二〇一四）の春節（旧正月）に、台湾で完成した映画「KANO」を公開するという連絡が来た。送られてきた招待状には、オープニングセレモニーとしてまず嘉義市内の中心でパレードを行い、その後に野球場のグラウンドで映画上映が行われるという内容であった。そこで「近藤兵太郎をたたえる会」の林司郎夫妻をはじめ新田高校野球部OB六名、松山商業野球部OB六名、さらに県と市から四名、東京からは呉明捷のご子息・堀川夫妻など、総勢二十六名が台湾に向けて飛び立った。二月二十二日に三泊四日の予定で台湾中西部の都市、嘉義市を訪問したのである。

午後二時から始まったパレードには、映画に出演した近藤兵太郎役の永瀬正敏氏をはじめ、選手役を務めた台湾の青年がいた。当然「近藤兵太郎をたたえる会」の面々二十六名も参加した。

パレードを観ようと集まった嘉義市民

パレードを見ようと嘉義市民が押しかけてきた。パレードは嘉義駅から始まり、日本統治時代に栄町通りといわれた中心街、中山路《ちゅうさんろ》を通り、かつて近藤監督が指導した嘉義公園野球場まで進んだ。映画関係者や嘉義農林野球部のユニホームを着たOBに続いて、林会長一行が続いた。パレードが始まると、市民が盛大な声援を送ってきた。その数、八万人という信じられない観衆であった。嘉義市の人口は、およそ二十四万人である。市民の三人に一人が参加していたのである。

この熱気は、映画会場である嘉義公園野球場まで持ち込まれた。日が落ちた六時から、グラウンドに用意された特設スクリーンに映画が映し出された。三時間五分の長い映画が一時間にしか感じられないほど、多くの観客が画面に引き込まれていった。映画が終わると、盛大な拍手が沸き起こった。

永瀬氏演じる近藤監督が、実に生き生きと、今そこにいるかのように映し出されていた。時代は一九三〇年代の嘉義市が舞台であるが、時代考証が実に素晴らしく、リアリティーに富んだ画面が展開された。興奮がやがて感動に変わった。

台湾で公開された映画「ＫＡＮＯ」は前売り券だけで空前絶後の売り上げを記録した。台湾ドルで三千万ドルというから十億円を超える額である。

この映画に登場する甲子園球場を再現するため、野球場を一つ造ったという力の入れようだ。しかも、内野の黒い土が手に入らないため、タイヤを粉砕して台湾の土と混ぜ、甲子園球場の内野と同じ状態にして撮影したという。映画に登場する選手は、素人の野球選手の中から厳選したそうだが、映画の会話は九割が日本

嘉義棒球場に設置された特設スクリーン

語なので、日本語がしゃべれない出演者は、日本語を身に付けるのに苦労したという。

日本人、いや愛媛県人、いや出身地の松山市民でも知らなかった近藤兵太郎。その人物を台湾人のプロデューサー魏徳聖《ウェイダーション》氏が見出し、台湾人の馬志翔《マージーシアン》監督によって制作されたのである。

映画を見終わった林司朗会長たち一行はじっと座っておれない興奮を味わって、帰国すると以前にも増して精力的に顕彰碑の設置に向けて行動を開始した。

顕彰碑設置のための寄付金集めが始まった。新田高校野球部OBの浮穴《うけな》義夫氏に相談したところ、二つ返事で引き受けてくれ、とんとん拍子に話が進んだ。顕彰碑は愛媛県特産の大島石で造ることにして、イフイ石材に協力してもらった。直径一メートルもある大島石のボールが完成した。この顕彰碑のボールは、兵太郎が台湾から持ち帰った唯一の遺品をモデルにしたものである。

莫大な製作費をかけた映画は、平成二十七年一月二十四日から日本でも上映された。題名は「KANO　1931海の向こうの甲子園」という。近藤監督の出身地であるということから、日本全国での上映に先立って前年十月五日に名優永瀬氏や呉明捷役の男優、台湾の女優が来松し、三越でトークショーを行ったり、映画館で挨拶していただき、大いに盛り上げることができた。その後、松山では二つの映画館で上映された。近藤兵太郎監督が出身地松山へ、映画になって凱旋したのである。

台湾の人たちが教えてくれた台湾野球の礎を築いた日本人、近藤兵太郎は日本統治下の台湾に渡り、どのようにして嘉義農林野球部を指導し、大きな感動を台湾の人々にもたらし、今もって語り継がれているのであろうか。その足跡を追っていくことにする。

第一章　兵太郎少年、松山商業野球部へ

近藤兵太郎の遺品

近藤兵太郎は松山市萱町《かやまち》七丁目五十五番地（現在の平和通六丁目三番地十六）で生まれた。明治二十一年（一八八八）七月十七日のことである。兵太郎の父親、鉄治は嘉永六年（一八五三）の生まれで、母親のフサは鉄治より二つ年上の嘉永四年（一八五一）の生まれであった。兵太郎は長男であったが、兵太郎が生まれる四年前、明治十七年四月に姉のミツが生まれていた。

萱町は松山城の西側に開けた街で、商売を生業とする者が軒を連ねていた。兵太郎の家も生活物資を売る商売をしていた。

六歳になった兵太郎は、子どもの足で歩いても十分程度の古町《こまち》尋常小学校（現在の松山市立味酒《みさけ》小学校）に入学し、卒業するとさらに二年制の高等小学校に進級して、六年間の小学校を終えた。

兵太郎が入学した頃の学校制度は第二次小学校令が出されて数年経った頃で、四年制の尋常小学校の上に高等小学校があり、修業年数は二年から四年と不定期であった。兵太郎は四年間通っていた。

当時の義務教育は尋常小学校卒業までとされていて、義務教育が六年制になったのは明治四十年（一九〇七）の第五次小学校令からである。

この頃の子どもは小学校を卒業した後、必ずしも全員が中学校に進学するわけではなかった。自らの希望する進路に合わせて、中学校以外の各種上級学校に進学したり、あるいは進学せずに家業を手伝ったり、丁稚奉公に就いたりする子どもが多かった。また、男女によっても進学ルートは異なっており、上級学校に進学しようとする場合にも、最終的な目標学校に合わせて進路を選択する必要があった。進学できる学校の種類は時期によっても異なるが、総じて「複線型」と呼ばれる複雑な学校制度となっていた。高等教育機関まで含めて教育制度の整備がほぼ完了したのは、大正八年（一九一九）のことである。

男子の場合、小学校卒業後の進路は、大きく分けて三つのルートがあった。

一つは中学校を経て、高等学校、大学へと進むか、専門学校へと進むルート、二つ目は高等師範学校へと進むルート、最後は高等小学校を経て師範学校、実業学校へ進むか、実業学校・実業補習学校に進むルートである。

女子の場合は、ごく一部の学校を除いて、高等学校にも大学にも進学することは認められていなかったが、経済的に余裕のある家庭の娘は、高等女学校を経て女子高等師範学校へ進学したり、高等小学校を経て師範学校、実業学校へと進んだり、実業学校、実業補習学校に進む三つのルートに大きく分けられていた。

実業学校の一つである愛媛県立商業学校は、明治三十四年十月十日に学校設立の認可が下り、翌三十五年に松山市の隣村である温泉郡道後村に建築され、新入生は予科二年生五十名、本科一年生五十名が募集され、第一回の入学式を四月十五日に行っている。

予科とは二年制の実業学校であり、商業専門の学校ということになろう。その上に三年制の本科があり、予科本科合わせると終業年数は五年間であった。後に予科は廃止され、五年制の実業専門学校になっている。

学校のある道後村は日本最古の温泉として有名な「道後温泉」がある村で、明治二十二年十二月十五日の町村制施行により、道後温泉のある地域は分離独立して温泉郡道後湯之町と町名を変えていた。

現在の「道後温泉本館」は町制が敷かれた翌年、町長に就任した伊佐庭如矢《いさにわゆきや》が四年の歳月と現在の金にして二十億円ともいわれる巨費を投じ、明治二十七年四月十日に完成させた建物である。

この商業学校に通学する生徒には、松山市内や近郊に住む商人の子弟が多かった。

高等小学校を卒業した兵太郎は、開校二年目に愛媛県立商業学校の予科を受験し、合格した。明治三十六年（一九〇三）四月五日、入学。兵太郎の家からは三キロほどの距離があったが、歩いて通学した。

野球部は学校の開校と同時に創部され、入学式のあった四月十五日に部員募集を行っているから、その歴史は古い。創部は三人の転校生が中心となっていた。松山中から転校してきた木村峯之助、宇和島中からの転入生である二宮純一と栗田信次郎である。最終的には八人が入部した。

野球部の部長は片貝鍵次郎教諭がなった。監督やコーチといった人はなく、部長が指導をすることになっていた。

創部一年目の野球部には用具が満足になく、内野やピッチャーは素手かミットで捕球しなければならなかった。スパイクは高価で手が出ない、いや運動靴さえ持っていない者が多かったので、ほとんどの部員が素足か紺色の足袋をはいての練習であった。

開校後すぐに創られた野球部であるから、部活動そのものもきちんとした仕組みが確立していない。授業が終わるとグラウンドに飛び出し、ボールを投げ合い、ボールを打つことで満足していた。ただ野球が大好きといった連中であったから、道具が足りないことはそれほど苦痛ではなかった。技術も未熟で対外試合ができる状況にはなかった。

野球が好きだった兵太郎は、すぐに野球部に入った。兵太郎の他に新入生の稲垣松太郎と栗原邦志が入部した。新入生三人の入部によって総勢十五名の部員に増え、チームが充実し、練習にも熱が入った。休みになると、東京帝国大学の学生だった丸山金才が指導に来てくれたりした。

創部二年目の野球部は片貝鍵次郎部長、栗田信次郎理事のもとでチームが組まれ、主将はピッチャーの木村峯之助がなり、キャッチャーは二宮純一がなった。六月に初試合をすることになり、選手が選ばれて、兵太郎は左翼が守備範囲となった。

愛媛師範学校との初対戦では、木村、二宮のバッテリーが奮闘し、打撃も良く大勝した。この当時のキャッチャーにはマスクやプロテクターはなく、塁手はミットをしていたが、外野、ピッチャー、ショートは素手かミットであった。審判は和服といういでたちで、今日では考えられないありさまである。

二年目になると、第一高等学校の名遊撃手と称された杉浦忠雄や東大の潮慶之助が休暇で帰郷した際に指導をしてくれることになり、部員全員が野球のなんたるかを身に付けるようになった。杉浦は松山中学から第一高等学校に進学して野球部に所属していた。そして松浦は、精神の強さとセオリーを重視する一高式の「武士道精神野球」を身に付けていて、それを兵太郎たちに徹底して教えた。

杉浦が卒業した松山中学には、早くから野球部が作られていた。俳人、正岡子規がその源流にあるという。

明治十七年、正岡子規は東京大学予備門に在籍していた頃にベースボールを知り、熱中したといわれる。明治二十二年七月には、郷里の松山にバットとボールを持ち帰り、松山中学の生徒らにベースボールを教えた。その生徒の中に後の俳人、河東碧梧桐もいた。明治二十三年二月の『筆まかせ』の雅号に「野球」が初めて使われ、幼名の「升」から「のぼーる」と読ませているが、これはベースボールの訳語ではない。野球という訳語は、第一高等学校の野球部員、中馬庚《ちゅうまんかなえ》が初めて使っている。

野球姿の正岡子規（幼名）升
（松山市立子規記念博物館所蔵）

明治二十九年には「日本」新聞に連載された『松蘿玉液《しょうらぎょくえき》』の中で、子規は野球のルール、用具、方法などについて詳しく解説している。また、この年に「草茂みベースボールの道白し」という句を作っている。このように野球を詠んだ短歌、俳句を数多く作り、新聞や自分の作品の中で紹介し野球の普及に多大な貢献をしている。その上「バッター」「ランナー」「フォアボール」「ストレート」「フライボール」などの外来語を「打者」「走者」「四球」「直球」「飛球」と日本語に訳している。これらのことが評価され、子規は平成十四年に野球殿堂入りを果たした。

兵太郎は予科を卒業し、そのまま明治三十八年の三月二十二日には本科に進んだ。十七歳になった兵太郎は二塁からショートに替わり、主将を務めることになった。休暇になると毎年帰郷する杉浦の指導は、兵太郎が卒業するまで四年間も続いた。

兵太郎が主将になった翌年の明治三十九年には、愛媛県立松山商業学校と校名が変わり、野球部の後援会もできた。そのため野球の用具も揃い、思い切りグラウンドで野球を楽しめるようになった。

兵太郎は相変わらず、授業そのものより野球をすることが好きな青年になっていた。小柄で指が短く野球ボールを扱うのには向いていない選手であったが、野球理論に長けていて、内野を中心に活躍していた。当時としては珍しい左投げ左打ちの兵太郎は、今日でいうサウスポーの選手であった。兵太郎は物心ついた頃から左利きであったが、箸と鉛筆だけを右利きにするように親から注意されて育ち、それ以外は左利きのままで成長していた。

学校での生活は順調であったが、姉のミツが明治三十九年五月二十日に病死した。兵太郎は二十二歳の若さで急逝した姉の死を悲しんだ。その悲しみを癒やすように、さらに野球に情熱を注いだ。

本科に来て最終学年になった明治四十年の夏、休暇を利用して香川県に遠征した。野球部の選手は投手の谷、捕手の桝井、一塁手の植田、三塁手の永井、遊撃手の向井、左翼手の田村、中堅手の大政、右翼手の渡部、それに主将の兵太郎が二塁を守ることにした。補欠には大泉を入れた。対戦相手は丸亀中、坂出商業、高松中で、どの学校にも負けることなく全勝し、自信を付けて帰ってきた。

杉浦コーチの指導の成果が発揮されたのである。四年間にわたる杉浦の一高式武士道的野球の指導は、その後の兵太郎の野球に対する考え方に大きな影響を与えることになる。

この頃、愛媛県立松山商業学校は松山市内への校舎移転が計画され、松山市旭町において新校舎が建設中であった。学校規模は開校時の二倍の五百人になり、明治四十一年四月一日には、新しい校舎で入学式が行われた。兵太郎たち本科の卒業式は、その前の月、三月二十三日に行われ、兵太郎は道後村での最後の卒業生となった。

卒業した兵太郎は請われて母校の愛媛県立松山商業学校野球部の先輩コーチとして、野球部の指導を始めることに

明治 40 年の松山商業野球部　兵太郎は 2 列右より 3 人目

なる。兵太郎の指導は、杉浦に教え込まれた「武士道精神野球」である精神七割、技術三割という考えが中心にあったから、精神を鍛えることが選手に課せられた。

コーチに就任して半年あまり経った明治四十一年十月、西条中学へ遠征に行くことになったが、兵太郎は歩いていくという。部員は驚いたが、普段から精神を鍛える重要性を耳にしていたので、文句や不平が言い出せない。授業が終わってから学校を出発し、徹夜で歩いて朝方に到着すると試合をこなして、また歩いて夜に帰るという強行軍であった。しかし、試合に勝ったこともあり、帰りは意気揚々と歩いて帰ってきている。

この年の七月に二十歳になった兵太郎は、徴兵検査を受けて十二月一日に松山歩兵二十二連隊に志願兵として入営した。二年間の兵役を終えた兵太郎は、明治四十二年十一月三十日に現役満期の陸軍歩兵伍長として、予備役に編入除隊したため、家業を継ぐことにした。

兵太郎が小学校に入学し、兵役を終えるまでの十五年間、日本を取り巻く世界情勢は大きく変わっていた。七歳の時には日清戦争の結果台湾が割譲されて日本領となり、十六歳の商業高校予科二年生の時にはロシアとの戦争が始まり、家業を継いで二年目には朝鮮半島を併合していた。

明治最後の四十五年には、辛亥革命《しんがいかくめい》が成功して清朝が倒れ、中華民国が成立していた。

社会情勢は変わっていたが、兵太郎は家業にいそしむかたわら、新しく松山市内に移転した母校に顔を出しては、先輩コーチとして野球部の指導をしていた。野球そのものが好きだったのである。

ところが、翌年から野球部を取り巻く状況が変わってくる。早稲田対慶応の試合を中心に野球が異様な盛り上がりを見せたために、中等学校での行き過ぎた応援が徐々に問題視されるようになり、野球禁止を掲げる学校が増えていった。

そこに油を注いだのが、新聞報道であった。明治四十四年に東京朝日新聞は「野球と其害毒《そのがいどく》」と題した記事を二十二回にわたって掲載した。第一高等学校の新渡戸稲造《にとべいなぞう》校長、学習院の乃木希典《のぎまれすけ》院長など、著名人の野球批判談話を掲載したり、全国の中学校校長を対象に実施されたアンケートの結果などを載せたりしたため、賛否両論が巻き起こったのである。

有害論が世間で広がりを見せ、中等学校の野球部に対する態度が変わってきた。松山商業でも例外ではなく、退部するものが続出し、学校内部でも野球部廃部論までが言われるようになった。

兵太郎は先輩コーチとして野球部の面倒を見てきただけなので、学校に対し野球部の運営について意見を言う立場ではなかった。当然、松商野球部員の数は激減し、試合どころではない状態が続いていた。兵太郎は苦悩していた。

兵太郎は私生活でも決断を迫られていた。兵太郎には野球以外にも心を奪われる存在があった。好意を寄せる女性がいたのである。同じ町内の萱町二丁目に住む吉川カナヱという女性で、面長で色白の町内でも評判の美人であった。

兵太郎二十六歳でカナヱ十九歳であった。明治から大正へと元号が変わって二年目に、二人は恋に落ち、愛し合った。

吉川治三郎とヨシ夫妻には四人の子どもがいた。カナヱ、勝野、重代、サカヱの四姉妹である。その長女のカナヱと愛を確かめ、将来を誓い合っていた。そのうち、カナヱの妊娠がわかった。カナヱが二十歳になったら、結婚しようと考えていた二人は妊娠を喜び、大正三年（一九一四）六月二十九日に祝言《しゅうげん》を挙げた。

結婚式の前日には、オーストリア皇太子フランツ・フェルディナント大公夫妻が、自領ボスニア＝ヘルツェゴビナ共和国の首都サラエボで、陸軍大演習の統監途上、セルビアの一青年G・プリンチプによって暗殺されるという事件が発生し、欧州全土を巻き込む戦争が始まろうとしていた。

相変わらず野球有害論が、マスコミや各大学、高等学校、中等学校にくすぶり続けていた。廃部を心配した兵太郎は、陶山斌次郎《すやまひんじろう》校長と談判し、廃部しないように根気よく説得するしかないと考えていた。

助け船が現れた。読売新聞が擁護論を掲載したことにより、野球有害論は沈静化を見せ始めた。さらに、兵太郎が結婚した二日後には、大阪朝日新聞が七月一日に第一回全国中等学校野球優勝大会を開催すると発表したことも幸いした。野球有害論を報じた新聞とは思えない、変わり身の早い新聞社の発表であったが、兵太郎にとっては有り難かった。ところがこの発表から二週間足らずで欧州において戦争が勃発した。第一次世界大戦といわれる、これまでとは違った複雑な戦争であった。日英同盟を結んでいた日本も英国の対戦国ドイツに宣戦布告して、中国は青島のドイツ軍と戦っていた。

ドイツとの戦争中にもかかわらず、八月十八日から二十三日までの六日間の日程で、大会は実施された。

発表から大会開催まで日数が少なかったが、東北、東海、京津、関西、兵庫、山陽、山陰、四国、九州の九地区七十三校の予選で勝ち上がってきた九校と、春に東京都下野球大会優勝校となった早稲田実業の計十校が代表となった。四国の代表校には香川県の高松中が四国予選で優勝し、出場していた。この大会の優勝校は秋田中で、京都二中を延長の末に破っての優勝であった。優勝校には優勝旗、銀メダル、選手にはスタンダード大辞典、五十円図書切手、腕時計が贈られた。準優勝校には英和中辞典、一回戦の勝利校には万年筆が選手全員に贈られた。

世間は騒々しかったが、兵太郎は幸せな新婚生活を送っていた。十月十六日には、待望の長女が生まれた。フミと名付けて兵太郎が届けた。

兵太郎の心配事は、松商野球部が廃部になっては困るという一点だけであった。兵太郎は陶山校長に直接会って頼むしかないと考え、たびたび校長室を訪れては、野球部存続を懇願した。

兵太郎のひたむきな態度に感心した陶山校長が、断を下した。

「わかった。君の言ってることはもっともだ。松商野球部を廃部にすることは、私が校長をしている限り行わない」

そう言い切ると校長は一息ついた。さらに続けた。

「近藤君の野球に対する情熱が、尋常でないことがよくわかった。それに誠実な人柄にも感心した。そこで、頼みがある」

言葉を区切って、また一息入れた。

「君は先輩コーチとして、野球の技術を部員に教えてくれているが、これからは監督として部長の橋本先生を助けてもらえないだろうか」

兵太郎は耳を疑った。野球部が存続できるだけでも嬉しいのに、監督としてこれまで以上に野球部に関わるように頼まれたのである。兵太郎にとって野球部は、何よりもかけがえのないものであった。野球部存続の知らせは、兵太郎を狂喜させた。二つ返事で了解して、礼をすると学校を後にした。大正六年、兵太郎二十九歳のときである。

この年に凄惨な戦いが繰り広げられていた欧州で、新たな事態が起きていた。ロシアにおいて二月革命が起こり、ニコライ二世が退位し、十月になるとロシア帝国が崩壊し、社会主義国家が誕生したのである。

兵太郎にも不幸が襲ってきた。生まれて三歳にもならないフミが、流行病のために亡くなったのである。九月二十日の夕刻のことであった。兵太郎は落ち込んだが、

第４回中等学校全国野球大会四国予選初出場の記念写真

挫けることはなかった。

コーチから監督に就任した兵太郎は、年が明けた大正七年（一九一八）の春に悲しみを払拭《ふっしょく》するように松山商業野球部の指導に熱中した。

監督就任時に三つの目標を立て、部員に伝えた。第一が松山中学を倒す。第二が四国の覇者となる。最後が全国の覇者となる。全国優勝への道筋をつくったのである。

春たけなわの四月二十九日、父親の鉄治が六十五歳の生涯を閉じた。

五月になるとロシア革命の影響下のシベリアに出兵があり、国内では米不足が深刻になった。一月に一石（百五十キロ）あたり十五円だった米が、七月には三十円にもなり、富山県に端を発した騒動が全国に飛び火して大規模な米騒動になった。

米騒動は、富山の主婦たちが自県米を外に出さないようにと米商人に願い出たことが発端となった。米商人が米価を下げて売り出したところ、多くの主婦が安くなった米を買うために米屋に押しかけた。これを報じた高岡新報の記事に大阪朝日新聞が飛びつき、米騒動にしてしまったといわれている。

このような情勢の中でも、夏には第四回全国中等学校野球優勝大会の四国予選が行われることになり、松山商業も初出場した。

兵太郎は松原、松野、近藤（英）、武田、北川、近藤（順）、正田、三好、西本、片山、三好、越智の十三選手を連れて参加したが、初戦で前年度優勝校の香川商業と対戦し、七対三で負けて勝ち進むことはできなかった。

この四国予選では丸亀商業と優勝戦を行った今治中が勝利した。しかし、米騒動のあおりを受けて、八月十六日に開催予定だった第四回全国中等学校野球優勝大会は中止され、今治中の大会初出場は夢と消えた。

大会中止の理由は、鳴尾球場の近くにあった鈴木商店が、大阪朝日新聞の流した「鈴木商店は米の買い占めを行っている悪徳業者である」との捏造記事により、米価の高騰に苦しむ民衆の反感を買って八月十二日に焼き打ちされ、全焼していたからである。

鈴木商店焼き打ち事件は、朝日新聞創設時の最大の寄与者である三井財閥が新聞と組んで、同業者の鈴木商店潰しを図った悪辣な事件であったといわれている。

大正七年という年は世情も不安であったが、兵太郎自身にとっても大変悲しい年になった。

父親の葬式を出して半年も経たない九月十八日に、母親のフサが夫の後を追うように亡くなったのである。享年六十七歳であった。兵太郎は十八歳の時に姉ミツを亡くして以来、十年あまりの間に、姉の子どもである廉太郎を亡くし、その上長女フミを、さらに両親を失い、身内の者といえば妻のカナヱだけになっていた。

夫婦二人だけになったが、家業は細々と続けていた。いつまでも悲しみに沈んでいるわけにはいかなかった。野球部の監督として放課後には学校に顔を出し、選手たちに厳しい指導を行った。三十歳になっていた兵太郎の練習方法は、基本に忠実な練習であった。足腰を鍛えるためのランニング、ボールを扱う勘を養うキャッチボールは、欠かさず行うよう口うるさく言ってきた。

近藤兵太郎は普段でも笑うことが少なかったが、野球の練習中は笑顔を見せることなく、いつも真剣であった。野球は精神が七割、技術が三割というのが持論であったから、精神的に強い選手に育てることを第一に取り組んだ。練習は厳しかったが、普段は冗談を言って周りの者たちを笑わせた。

取り巻きの連中は、兵太郎を「コンピョウ」さんと親しげに呼んだ。兵太郎にとっては、まず県内で優勝し、四国予選を勝ち進み、全国大会に出場することが目標であった。当然、その先には全国制覇があり、この目標を達成する自信もあった。

秋になると第一回愛媛県中等学校野球大会が行われることになり、打倒松山中を目指して参加した。松山中、北予中、松山商のリーグ戦が行われ、松山中を三対二で、北予中も三対二で破って初優勝を果たした。松山中を倒すという目標をまず達成できた。松山商業野球部にとって最初の優勝経験であった。

第１回愛媛県中等野球大会優勝記念の写真

この優勝はチームに大きな自信を付け、選手の兵太郎に対する信頼が大きなものになるとともに、後援会での評価も高くなっていった。兵太郎自身にとっても、大きな自信になった。

十一月には第一次世界大戦が収束し、戦火が地球上から消えた。

年が開けた大正八年（一九一九）は兵太郎にとって忘れられない年となった。一月九日に萱町二丁目二十八番地の自宅で女児を授かった。英子と名付け、二女として役場に届けた。幼くして亡くなったフミの生まれ変わりだと、カナヱとともに喜んだ。

兵太郎は子どもが誕生して幸せな気持ちではあったが、家業は思わしくなく、三月末をもって廃業することにして店を閉じた。

四月一日からは、高浜港運送取扱業高浜商船組合に就職し、事務職員として働くことにした。商業学校を卒業していたから、経理の仕事はお手の物であった。いわゆる今日でいう「月給取り」になったのである。

仕事は変わったが、監督は継続していた。

七月には第五回全国中等学校野球優勝大会の四国予選が行われた。香川県は前年のスパイク事件により、出場停止になっていた。香川県知事によって香川県チームの出場禁止処分が取られていたのである。

スパイク事件とは、大正七年夏、全国大会四国予選の決勝戦で対戦した愛媛の今治中と香川県代表の丸亀中の試合中に起きた事件である。三回表まで十一対二でリードしていた丸亀中の攻撃中、丸亀中の選手が今治中の一塁手の足を故意にスパイクするという事態が起こり、これを観戦していた香川県知事が「スポーツ精神にもとる」行為だとして監督権を発動し、没収試合として今治中の全国大会出場が決まった事件である。しかし、今治中の全国大会出場はなかった。米騒動のあおりを受けて大会そのものが中止になったからである。

したがって、香川県が出場できない上に高知県はまだ参加もしていなかったため、香川県の栗林公園グランドで徳島県と愛媛県の戦いになった。松商野球部は卒業生が二人だけだったので、補欠だった片山と三好を新たに加えただけで試合に臨んだ。初戦は北予中を四対〇、準決勝で松山中を三対二で破り、決勝戦では、徳島県代表になった徳島商と対戦し、これを七対〇の完封勝ちで倒した。第二の目標である四国の覇者となり、全国大会への切符を手に入れたのである。監督就任から二年目の快挙であった。監督就任時に立てた目標を就任二年目で達成したのである。

地元は喜びに沸いた。兵太郎にとっては、英子の誕生と全国大会出場という二重の喜びであった。

第五回全国中等学校優勝野球大会は八月十三日から十九日まで、兵庫県武庫郡《むこぐん》鳴尾村《なるおむら》（現在の西宮市）の鳴尾球場で実施された。出場校十四校、大会参加校数百三十四校であった。松山商業は、二年連続二回目出場の関東代表茨城県立竜ヶ崎中を十二対四で破り、二回戦へと進んだ。

二回戦の相手は東北代表の盛岡中学校であった。盛岡中はこれまでにも出場したことがある強豪である。試合は一点を争う投手戦になり、一点を守り切った盛岡中学校に勝利の女神が微笑み、松山商業は涙をのんだ。

松山商業は相手ピッチャーを打ち崩すことができず、完封負けを期した。それでも、初出場でベスト8の成績を残した。この大会以降、兵太郎は六年連続で松山商業を全国中等学校野球優勝大会に出場させ、松山商業野球部の第一期黄金時代を築いた。いうなれば、この大会出場はその先駆けとなるものであった。

監督としての兵太郎は順風満帆であったが、私生活では悩みがあった。家業を廃業し、月給取りになったもののこのままで良いのかという悩みである。給料は十分なものではなく、生活費がぎりぎりで生活不安がいつも頭から離れなかったのである。

経済的な不安を抱えながら職場に通っていたある日、妻が「台湾へ行ってみませんか」と話をもちかけてきた。妻のカナヱには勝野という妹がおり、十八歳で台湾へ渡ってのち、福井県出身の津田定次郎と結婚し、台湾に住んでいた。勝野の夫、定次郎は大正二年（一九一三）から、台湾の公学校を振り出しに教員をしていた。カナヱがその津田夫妻に兵太郎の状況を手紙で知らせたところ、「台湾に来ないか」と渡台を促す手紙が何度か届いていたのである。

兵太郎はその手紙を何度も読み返した。手紙には、台湾での生活のしやすさや物価の安さ、それに日本内地から移住してきた日本人の給料には本俸以外に六割加俸が付くので、かなりの収入になると書かれていた。そのうえ、学校の教員なら就職の斡旋ができるとも書いている文面であった。

「台湾への移住も悪くないね。生活がしやすいようや」

もう一人の兵太郎がつぶやいていた。

「先生の仕事にも興味がある。面白いかもしれん」

兵太郎には承諾を必要とする身内は誰もいなかった。妻のカナヱが持ち込んできた話であるから、自分が決断すれば良いだけの話である。松商野球部への未練はあったが、家族の生活を守ることには代えられなかった。

そのうえ、松山商業野球部を初めて夏の全国大会に出場させたのである。辞めるには良い時期ではないかと自問自答していた。

「辞めるのなら、最高の時に」そう思っていた。兵太郎は決断した。決断すると速かった。台湾への移住を決めたのである。

松山商業野球部の監督辞任については、学校当局や後援会に申し出た。兵太郎一家が台湾へ移住することに驚いた学校や後援会は、兵太郎の監督としての才能を惜しみ、後任の監督が決まるまで台湾に在住しながら監督を続けてもらうよう望んだ。

兵太郎は驚いて問い返した。

「台湾に移住するのですよ。松山にはいなくなるのです」

兵太郎は松山商業を甲子園に初出場させた監督であり、監督として指導力に優れていた。兵太郎以上の監督を見つけることは、至難のことであった。

「台湾に住んでも、指導できる方法はあるはず。台湾で教員をするのなら夏休みがあるではないか」

「君がいない間は、君の指導書を元に部長が面倒を見たので良い。君は夏休みに帰ってきて、県大会や四国大会で采配を振るってくれたので良い」

そこまで言われると、断り切れなかった。部員たちの顔が浮かんでは消えた。兵太郎はカナヱと相談した後に、これを了解し、時々帰郷して指導を続けるということで話がまとまった。台湾に住んでいながら松商野球部の監督を続けてほしいという話である。今日では考えられない取り決めであった。当時の日本人は、小さなことにこだわらないリベラルな人間が多かったのかもしれない。ともかく兵太郎は台湾に移住し、嘉義で教員をするかたわら松商野球部の監督も続けるという二足のわらじを履くことになった。

勤務先の高浜商船組合に出していた辞表が八月三十一日付けで受理されると、兵太郎は生まれたばかりの英子を連れて妻とともに門司に渡り、台湾行きの船に乗ることにした。当時の台湾と日本内地を結ぶ航路は、神戸と基隆《きーるん》を週に十二往復していた。船会社は大阪商船所属の笠戸丸《かさどまる》、蓬莱丸《ほうらいまる》、扶桑丸《ふそうまる》と、近海郵船所属の信濃丸、備後丸、因幡丸《いなばまる》の六隻で、どれも総トン数が六千トン級の船であった。この定期航路の運航は四月から九月の雨期には、神戸港を正午に出ると門司に次の日の朝七時に着き、正午には門司を出航し、基隆には四日目の午後一時に着く時刻表になっていた。門司から基隆までの船賃は、一等だと五十五円、二等が三十七円、三等なら十八円であった。兵太郎たちは和室二等二十八円の切符を買った。

兵太郎夫妻にとって、台湾が希望の島になった。台湾の土になる覚悟の渡台であった。新しい人生が始まろうとしていた。

第二章　麗しの島「台湾」へ

台湾の基隆港と日本内地を結ぶ大型定期船蓬莱丸

近藤兵太郎一家が、永住するつもりで目指した新天地、台湾はどのような地勢でどのような歩み方をした島なのか述べておきたい。

中国大陸の東の端に位置するサツマ芋の形によく似たこの島は、九州とほぼ同じ面積である。しかし、三千メートルを越える山を二百五十あまり抱えた山脈が縦貫していて、富士山より高い山は七座もある。その最高峰は三九五二メートルの新高山《にいたかやま》で、次に高いのが次高山《つぎたかやま》。新高山は明治天皇によって、次高山は大正十二年に台湾に行幸した裕仁親王によって命名された。

したがって平地は少なく、七割近くが山地となっている。島の中央部を北回帰線が横切っていて、この回帰線から北は気候帯でいうと亜熱帯となり、南は熱帯となる。

台湾に四季はなく、雨期と乾期に分かれる。四月から九月までの半年が雨期であり、朝夕には雨が降る。この雨をスコールと地元では言っていた。後の半年は乾期で雨はほとんど降らないため、埃っぽくなる。島が亜熱帯と熱帯である上に、暖流が東海岸を洗っているので暖かい。

気候は雨期と乾期に分かれているが、乾期といえども水不足になることはあまりない。面白いことに、小さい島にもかかわらず、島の北部と南部では雨期と乾期の季節が逆になって現れる。台湾北部の都市、台北では冬に雨期が来るが、南部の高雄では夏に雨期が来る。台湾は太陽の熱と光、それに水にも恵まれた自然の豊かな島である。

にもかかわらず、歴史は永い間この島に光を当てなかった。歴史がこの島を見過ごしていたのは、地理的な位置によるものであろう。

一五九〇年のことである。台湾西海岸を南航中のポルトガル船の船員が、台湾島を見て「イラー・フォルモサ」（麗しの島よ）と叫んだ。それを聞いたオランダ人の雇われ船長リンショッテは、海図の中に「ＦＯＲＵＭＯＳＡ」と書き込んだと伝えられている。それ以来、台湾は「麗しの島」と呼ばれるようになった。

台湾が歴史に登場するのは、明時代の後葉、十七世紀に入ってからのことである。日本でいえば江戸時代の初期にあたる。この頃の台湾は国家として統一されておらず、また、他国の植民地でもなかった。

オーストロネシア語族と呼ばれる原住民族、大陸から渡ってきた少数の漢民族、倭寇《わこう》の末裔の大和民族が三者共存の形で生活を営んでいた。とは言っても、大昔から住み着いていたオーストロネシア語族の住民こそが、台湾の主人だと言えなくはなかった。

オーストロネシア語族は、台湾から東南アジア島嶼部、太平洋の島々、マダガスカルに広がる語族であり、かつてマレー・ポリネシア語族と呼ばれていた。居住し始めた時代の新旧から見ても、人口にしても、当時は最大の勢力を誇っていた。しかし、彼らは多くの部族に分かれていて、部族内での統一はあっても部族間相互の結び付きも話し合いもなく、まとまりのある国家を造ろうという者も現れなかった。それどころか、部族間の文化も異なれば、言葉も異なり、むしろ成人になった証として「首狩り」をし合う敵という関係であった。

彼らにとっての台湾は、ただ単に生活を維持していくための豊かな島であったに過ぎない。このことは、漢民族や大和民族にとっても同じであったから、三者が共存できたのであろう。しかし、この三者共存の時代も、そう永くは続かなかった。

バタビアに東インド会社を設立していたオランダ人が、日本、中国、バタビアの中継貿易の基地として台湾に目を付け、三者共存の中へ割り込む形で入り込み、そのうちに原住民族のシラヤ族を味方に付けた。そして、一六二四年には安平に二つの城を構築した。ゼーランジャ城とプロビデンジャ城がそれである。以後三十七年間、武力を背景に台湾を支配し続け、漢民族や大和民族を圧倒した。そのまま続けば、やがてオランダの植民地となって終わったのであろうが、歴史はその流れを変えた。

一六六一年、後に近松門左衛門によって書かれた『国姓爺合戦《こくせんやかっせん》』で有名な鄭成功《ていせいこう》は、清朝打倒の基地として台湾を選び、二万五千の兵を率いて台湾進攻を行い、二つの城を落としてオランダ人を追放した。鄭成功は、今なお台湾の英雄で、プロビデンジャ城跡にはオランダ人を降伏させている銅像が建っており、廟《びょう》まで造られている。成功の父親、鄭芝龍《ていしりゅう》は、交易をするため平戸に住んでいるときに田川氏の娘「まつ」と結ばれ、男子を出産した。その男子が、後の鄭成功である。鄭成功を祭る廟には、母親の「まつ」も一緒に祭られていることを知る日本人は少ない。

鄭一族は成功亡き後も、清朝打倒、明朝再興を叫び続けるが、清朝の示した和平条件に反抗したため三万の軍隊を差し向けられ、跡目争いの内紛で弱体化していた鄭軍は敗れ、三十二年間続いた鄭時代に終止符を打った。これ以降、清朝は日本に割譲するまでの二百十二年間、台湾の支配を続けることになる。

この間、清朝には台湾を開発しようとする考えはなく「化外《けがい》の地」と呼び、住人を「化外の民」として見下し、反乱を起こさせないようにすることを台湾統治の第一の目的にしていた。

事実、台湾ではよく反乱が起きている。台湾には「三年小乱五年大乱」という言葉が残っている。三年に一度小さな反乱が、五年に一度大きな反乱が起きるという意味である。大きな反乱だけでも十六回も記録されており、小さなものは数え切れない程である。にもかかわらず、清朝時代には実に多くの漢民族が危険な台湾海峡を小舟に乗り、命懸けで渡ってきた。特に平地の少ない福建省、広東省からが多い。台湾は両省に比べ、気候温暖で、食糧の豊かな島だったからである。移住した漢民族は開墾して耕地を広げ、安平《あんぴん》、鹿港《ろっこう》、淡水《たんすい》、鳳山《ほうざん》、恒春《こうしゅん》などの街をつくり、台湾を永住の地として開拓していった。

危険な海を渡ってくるのは、大部分が男である。したがって、男女比が極端に偏った状態になるから自ずと女性が大事にされる。その結果、今日でも台湾では女性が強いのだという。

台湾は福建省に属していたが、一八八五年、清朝は独立させて台湾省に昇格させている。このため、清朝末期には漢民族だけで二百七十万人近い人口に膨れ上がっている。まさに台湾は、人口だけで見れば漢民族の島になったのである。その間、日本は鎖国という深い眠りの中にいた。

明治維新によって眠りから覚めた日本は、帝国主義国家として成長し、やがて朝鮮半島をめぐって清朝と対立し、明治二十七年（一八九四）日清戦争に突入した。翌年、日本は勝利し、下関条約によって台湾、膨湖諸島《ぼうこしょとう》を譲り受けた。

日本はイギリスとフランスの植民地統治方式を比較研究し、両国の折衷案で台湾を統治しようと考えた。すなわちフランスがアルジェリアで実施していた内地延長主義による植民地の同化政策を取り入れる一方、法的には本国の法律を適用せず、特別法を作ってインドを統治したイギリス方式を取り入れることにした。そのため、台湾だけに適用する特別法を制定した。

最初に制定したのが明治二十九年（一八九六）三月であり、翌四月から施行した「明治二九年法律第六三号」であった。法律番号から通称「六三法」と呼ばれた。この後、「明治三九年法律第三一号」通称（三一法）、「大正十年法律第三号」通称（法三号）と作り変えられるが、「六三法」における台湾総督の権限は「台湾の天皇」と言われるくらい強大であった。

中学、高校の教科書には、簡潔に「譲り受けた」とたった一行で片付けているが、譲り渡される台湾島に住んでいる三百万人近い人々は、そう簡単に「はいそうですか。わかりました。明日からは日本人になればいいのですね」という具合にはいかなかった。

逆に、激怒した。

台湾に住む人々にとって、台湾から二千キロメートルも離れた土地で戦争に負けたことが、なぜ、台湾割譲に結び付くのか理解できなかった。しかも、その割譲の相手が弁髪や阿片、それにてん足を禁止するという日本である。その上、先祖によって今日まで営々と築き上げられてきた生活文化が、異民族の支配を受けねばならない。清朝の役人や兵士、それに富豪の商人は大陸に逃げ帰ればよいが、土地しか持たない移住民にとって「二年以内に国籍を決めよ」というのは、選択の自由があるようで、ないに等しかった。

やがてこの不満は、台湾を領有する日本人に対する移住民の抵抗となって現れてきた。ましてや原住民族にとっては、主人が誰になろうと関係なく、自分たちの領地に侵入する者に対しては、武力で闘うこと以外考えられなかった。

日本の台湾統治に反対する人々は、最高地方統治官である台湾巡撫《じゅんぶ》の唐景崧《とうけいそん》を総統に推し、「台湾民主国」と国名を決め、独立宣言を諸外国に通告した。また、年号を「永清《えいしん》」とし、国旗、国印まで作って組織的抵抗を開始した。

一方、初代台湾総督に任命された樺山資紀《かばやますけのり》海軍大将一行五百名は、北白川宮《きたしらかわのみや》親王率いる近衛師団とともに、台湾接収と鎮圧に乗り出した。その抵抗の大きさは、清朝使節との台湾受け渡し式を、台北でなく、基隆沖の横浜丸の船上で実施せざるを得なかったことでもわかるであろう。

基隆の南、澳底《おうてい》に上陸した近衛師団は基隆に続いて台北を占領し、明治二十八年六月十七日、始政式を行ったが、この式ですら、いつ襲撃されるかわからない状態の中で実施された。

以後、日本軍は五万の兵と二万の軍夫、九千四百頭の軍馬を擁して南下したが、南下を続けるに従って激しい抵抗にあった。清朝の役人たちは財産を持って大陸に逃げ帰ったため、「台湾民主国」は消滅した。それでも、日本軍が最後の拠点台南を占領したのは、引き渡し式から半年後の十月に入ってからであった。

こうして、台湾を独立国にしようとする「台湾民主国」の防衛戦は終わりを告げ、台湾民主国成立は夢と消え去った。しかし、これですべての問題が片付いたわけではなかった。

そもそも台湾を領有することになったとき、日本政府にとって頭の痛い問題が四つあった。

一つは清朝も悩まされた土匪《どひ》の抵抗であり、二つ目は誰からの支配をも認めない原住民族の存在であり、三つ目は漢民族に蔓延している阿片《あへん》吸飲の悪習、最後の一つは、マラリア、コレラ、ペスト、アメーバー赤痢などの伝染病や風土病の問題であった。

台湾民主国の組織的武力抵抗は、むしろ予期していなかった抗争で、これに手こずった日本はこの上に四つの課題を背負っていたのである。

土匪の抵抗は続いていた。ゲリラ化した土匪は手薄な場所を狙い、日本人を襲った。この土匪の抵抗は領台後七年間も続き、最後の土匪の首領である林少猫《りんしょうびょう》を討伐し終えたのは、四代総督児玉源太郎の時代であった。

初代樺山資紀、二代桂太郎、三代乃木希典総督の時代は、土匪討伐に明け暮れたといっても過言ではなかった。この間に行われた近代化といえば、基隆から高雄までの縦貫鉄道を完成させたぐらいだが、これも土匪襲撃にさらされながらの工事であったから、その苦労は並大抵のことではなかった。

四代目総督を伊藤博文から任命された児玉源太郎は、残された問題を解決しようと、内務省衛生技官として業績を積んでいた後藤新平を伴って台湾に渡ってきた。以後九年あまりにわたって、児玉総督、後藤民政長官のコンビは、新領土台湾の近代化に向けて両輪のごとく推し進み、大きな足跡を残すことになる。

四十二歳という若さで民政長官に抜擢された後藤は、懸案となっていた阿片問題を解決するため「専売事業制度の確立」を行うとともに、伝染病対策として医学校の設置、病院の新設、上下水道の整備などの公共衛生施設を充実して、伝染病の撲滅に乗り出した。

また一方で、台湾の近代化には経済的自立が何よりも必要と考えていた後藤は、製糖業の奨励と育成に目を付け、渡米していた新渡戸稲造を呼び寄せて殖産局長に据え、糖業政策を確立させた。

後藤新平民政長官
（国立国会図書館所蔵）

この結果、砂糖輸入国だった日本は、内地消費を満たして余りあるようになり、海外へ輸出するまでになった。また、台湾産米や烏龍茶の改良、増産にも着手し、輸出した。それとともに、鉱業、水力発電、築港、海運政策をも断行して近代化政策を推し進めていった。

これらの成果によって台湾経済は豊かになり、自前で経営できるまでになって「台湾特別会計の独立」に成功した。それまでは、自立できない台湾維持のため莫大な負担金を支払ってきた日本内地から「金食い島」と言われ、甚だしきは、フランスへの売却論まで出ていた新領土台湾は、後藤の手腕によって「日本の宝庫」と呼ばれるようになったのである。

近代的な台湾に育てた後藤の業績は、諸外国の植民地経営と比較しても、数段抜きん出たものであり、児玉総督以降の台湾経営に大きな指針を与えた点で特筆されるものであった。

後藤がこれだけの業績を残せたのも、根本には児玉総督の絶大なる信頼と後ろ盾があったからである。その証拠に、児玉総督は任期途中に起こった日露戦争に参画するため、文部大臣を辞任しても台湾総督だけは辞めず、満州軍総参謀本部次長になっている。台湾は後藤に任せておけば十分であるという信頼があったからできたのである。さもなければ、満州の荒野で対露戦にあれほどの戦略を考え出す余裕は、生まれてこないはずである。そういう意味では、児玉あっての後藤であり、後藤あっての児玉であった。また、後藤は部下にも多くの人材を得ていた。後藤の輝かしい業績は優れた人材を日本から集めることのできた点に集約できるかもしれない。

勅任参事官の石塚英蔵《いしづかえいぞう》、後に台湾総督になる人物である。財務局の祝辰巳《いわいたつみ》は後藤のあとを受けて民政長官になる。専売局には中村是公《なかむらよしこと》、殖産局には新渡戸稲造、土木局には長尾半平《ながおはんぺい》、鉄道局には長谷川謹介《はせがわきんすけ》、医学校に高木友枝《たかぎともえ》博士、その他、京大教授岡松参太郎《おかまつさんたろう》博士など、そうそうたるメンバーである。彼らは後藤を助け、台湾統治に大きな成果を上げた。

日露戦争で精根尽きたのか、児玉総督は講和成立を見届けると、台湾に帰ることなく病没したため、代わって五代総督佐久間左馬太《さくまさまた》が任官された。

半年後、後藤は民政長官を辞した。その後、南満州鉄道総裁、外務大臣、東京市長と歴任するが、その名誉ある経歴の中でも、台湾に残した足跡に勝るものはない。昭和四年、後藤は輝かしい人生を終える。後藤が倒れる日に言い残した言葉は「よく聞け、金を残して死ぬ者は下だ。仕事を残して死ぬ者は中だ。人を残して死ぬ者は上だ。よく覚えておけ」であったという。

佐久間総督の時代になると、児玉総督時代をさらに推し進めて、台湾の近代化に取り組むようになる。主な事業としては、基隆、高雄の築港、明治四十四年に河合鈰太郎《かわいしたろう》博士の設計と工事監督により阿里山《ありさん》森林鉄道を全線開通させた阿里山大森林開発事業、それに蕃族《ばんぞく》と呼ばれた原住民族に対する理蕃事業が重点的に行われた。

総督在任期間が最長の九年間であった佐久間総督の時期は、特に理蕃事業に精力的に取り組んだ。原住民族から銃器や弾薬を取り上げ、温厚な農民にしようと計画して「五箇年計画理蕃事業」に着手するが、南部のパイワン族、北部のタイヤル族は特に激しく抵抗したため、合わせて一万人もの警察官、軍隊を投入し、武力で制圧した。この結果、日本にとって最後の懸案であった原住民族の帰順にことごとく成功した。

佐久間総督の後を継いだのは、安東貞美《あんどうさだよし》総督であった。安藤総督が任命されたとき、誰もその名前を思い浮かべることができないほど無名に近い大将だったが、台湾に来ると持てる力を発揮し、不良官僚を強制送還して威張るだけの役人を震え上がらせた。また、灌漑事業や上下水道工事にも着手し、衛生工事にも力を注いだ。安藤総督は行政のトップに下村宏《しもむらひろし》を選んで民政長官に抜擢し、台湾に連れてきた。この下村民政長官も後藤新平民政長官と肩を並べる業績を残しているが、それは次の第七代総督、明石元二郎《あかしもとじろう》によるところが大きい。

総督が交代するとお気に入りの民政長官を連れてくるのが慣例となっていたが、明石総督は前任者が連れてきた下村民政長官をそのまま起用した。その結果、明石総督は歴代総督の中で最も短い一年四カ月という在任期間であったが、台湾の歴史に残る近代化事業を行っている。

不毛の大地、嘉南平原に、香川県に匹敵する十五万ヘクタールの灌漑施設を構築する工事を三十四歳の若き土木技師、八田與一《はったよいち》に命じている。また、後藤新平の右腕だった松木幹一朗を三顧の礼で迎えて台湾電力の社長に据え、日月潭第一水力発電所を完成させるとともに、台湾教育令を制定して日本人、台湾人、原住民族の共学を実施し、日本内地の学校へ自由に進学できるように尽力した。

台湾に大きな足跡を残した明石総督は在任中に病死し、遺言によって台湾に埋葬された。今日でも台湾の墓で眠っている。

台湾にとって大正元年（一九一二）から昭和十二年（一九三七）頃までの二十五年間は、まさに台湾近代化の黄金時代といっても過言ではない。

近代化が進む大正八年九月、兵太郎は門司からの二泊三日の長い船旅を終えて、未知の島台湾にその第一歩を記したのである。兵太郎の頭上で、その未来を予感させるかのように、太陽がまぶしく輝いていた。

下村宏民政長官

第三章　北回帰線の街「嘉義」

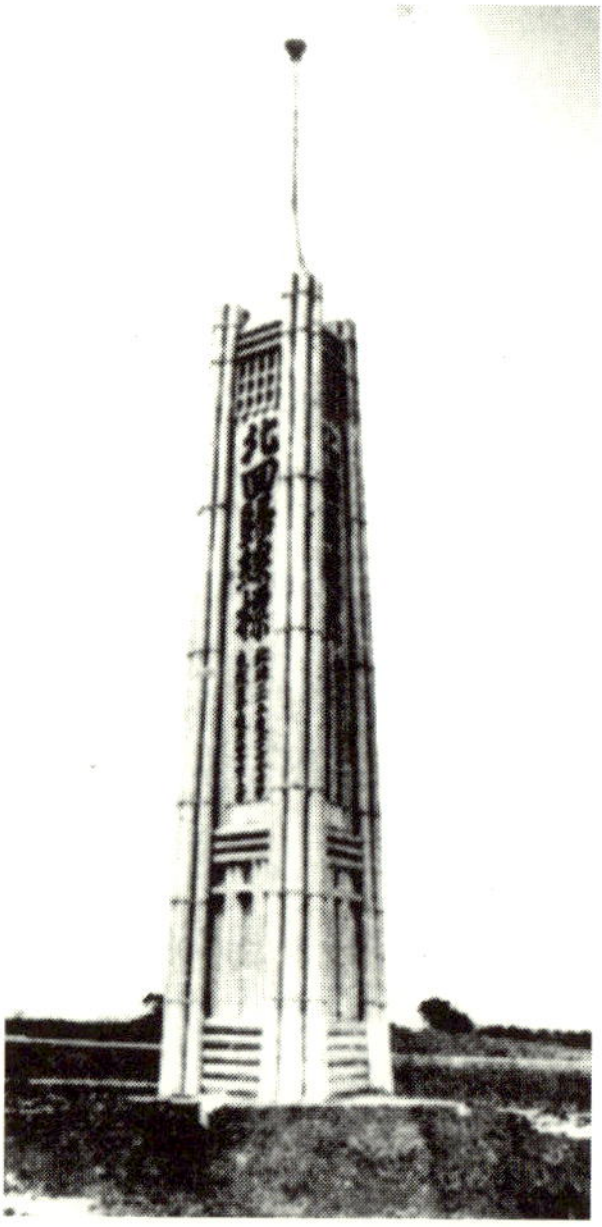

最初に造られた竹製の北回帰線標

門司を正午に出航して二泊三日、四十九時間の船旅を終えて午後一時過ぎに基隆港に着いた兵太郎一家は、日本内地では経験したことのない暑さに驚いた。気が付くと汗が噴き出していた。さらに驚いたのは、大きく整備された基隆港であった。

この港は、日本が統治を始めたことによって開発された港である。第四代総督・児玉源太郎は、台湾縦貫鉄道建設の資材運搬にとっても、基隆、高雄の港を早急に近代化する必要があると考え、基隆築港局長に民政長官の後藤新平を兼任させ、それを実施した。

台湾の港の歴史は、安政五年（一八五八）の天津条約によって開かれた安平に始まる。その二年後の北京条約では淡水が開港し、やがて基隆、高雄といった港も開かれるが、それらは満潮時でも千トン以下の小舟しか入港できず、干潮時には港の半分が干上がるというありさまだった。台湾の面積は九州に近いが、その海岸線は九州の三分の一程度の距離しかなく、天然の良港はほとんどない。

そのなかで基隆港は、日本に近いこともあって内地との定期航路もあり、台湾の都・台北市の玄関港として縦貫鉄道の起点も兼ね、開発されることになっていたが、その実情は、水深が浅いために港内に入れず、サンバンと呼ばれる小舟で陸地まで行き来しなければならなかった。時化て波浪が高くなると貨物の運搬も難しく、難破する船も出るという課題の多い港であった。

この課題を解決するため、川上浩二郎《かわかみこうじろう》をはじめとする専門家が起用された。彼らの献身的な活躍は、やがて基隆港をはじめ高雄港を国際的な貿易港へと発展させることになる。

川上浩二郎（一八七三〜一九三三）は、新潟県古志郡東谷村《こしぐんひがしだにむら》に生まれ、東京帝大土木工学科を卒業すると台湾総督府に就職し、臨時基隆築港局技師として明治三十二年、基隆築港第一期工事に取り組み、波浪から港を守る防波堤工事と港内の水深を整える浚渫《しゅんせつ》工事を行い、四年間で完成させる。その後実施された第二期工事は、明治三十九年から七年間かけて、六千トン級の船舶が停泊できる港づくりを推進している。川上は、基隆出張所所長として築港工事に専念する一方で、第二期工事の終わる明治四十五年には工学博士の学位を受けている。

基隆港の整備は四期にわたって昭和十年（一九三五）まで続けられ、大型造船所の建設や倉庫から港までの線路敷設など、拡張整備が行われていった。

かつて、浅くて岩礁があり、大型船の入港を拒んでいた基隆港は、四次にわたる工事で浚渫、岩礁撤去、岸壁整備、防波堤の延長などが実施され、南の高雄港とともに台湾を代表する港に成長した。岸壁は第一から第四まで大型客船が横付けできるようになっており、船から降りるとすぐ目の前に基隆駅があって、台湾縦貫鉄道の汽車に乗り込むことができるように造られていた。

近藤兵太郎一家が降り立った基隆港は、台湾を代表する港湾に整備されていたのである。船から下りた兵太郎たちは、基隆駅に向かいながら右に目を向けると、駅の先には真っ黒に輝く石炭が積み上げられていた。台湾で掘り出された石炭が縦貫鉄道で基隆港に運び込まれ、ここで船に積み込まれて内地に運搬される仕組みになっているのがわかった。岸壁には石炭専用の運搬船が横付けされていた。

近代化が進んでいないと思っていた兵太郎は、基隆港の近代的な様相にまず驚かされた。

台湾縦貫鉄道の始発駅である基隆駅で台北駅までの切符を買った。聞いたこともない言葉が、周りから聞こえてきたが、切符の購入は日本語で問題なかった。

台湾縦貫鉄道とは、基隆駅から高雄駅までの四百五キロを結ぶ鉄道である。この鉄道は、風土病、土匪の襲撃に遭いながら、台湾総督府鉄道部の長谷川謹介技師長の指導により、十年の歳月をかけて完成したもので、縦貫道路とともに南北を結ぶ大動脈となっていた。

基隆港における蓬莱丸の送別風景

基隆駅を出発した汽車は、八堵《はっと》、汐止《せきし》、松山《しょうざん》と停車した後に台北駅に到着した。台北駅では渡台を促してくれた津田定次郎、勝野夫妻が待っていて、手を振って迎えてくれた。知らない土地で親戚の者に会ったことで、一気に気が緩んだ。挨拶もそこそこに、予約してくれていた駅の近くの「台湾鉄道ホテル」に向かった。兵太郎夫妻と津田定次郎は初対面であったが、妹の勝野に会うのは三年ぶりで、懐かしい昔話に花が咲いた。

夕食をともにしながら、台湾でのこれからの生活について話し合った。有り難いことに、津田定次郎の働きによって、兵太郎の嘉義での就職先がほぼ決まっていた。それに、住宅も手当てしてくれていた。津田は、

「明日は台北をゆっくり観光して、それから嘉義に一緒に行きましょう。住宅が気に入らなかったら、遠慮せずに言ってください。一時の住まいではないですから、気に入るまで探したら良いですよ」と言ってくれた。親戚とはいえ、初対面である。気を遣ってくれていることがよくわかった。

「勤務先は嘉義の公学校で、私が最初に勤務した学校です。臨時免許ですから教諭心得という肩書です。商業学校の教員免許は検定願いを総督府に出せば問題ないし、検定願いは生活が落ち着いた頃に出せばよいでしょう。焦らずにやりましょう」と言う。

津田定次郎は大正二年、嘉義庁嘉義公学校を振り出しに嘉義庁内の公学校に勤務し、現在は嘉義庁双渓口公学校の校長をしているという。この学校は教員五名の小さな学校で、妻の勝野も教諭心得として月俸十八円で一緒に奉職していると、笑いながら語ってくれた。この学校では、津田夫婦以外は全員が台湾人だという。

公学校という聞いたこともない名前が気になったが、渡台早々に働き口があることだけで、兵太郎は安堵した。公学校というのは、台湾人の小学生が通う学校のことであったが、兵太郎はこの時、まだ台湾での学校の仕組みがわかっていなかった。

兵太郎夫妻にとって、津田夫妻の存在は大きかった。心配事の大部分が消えてゆく気がした。兵太

郎もカナヱも初めての台湾に興奮していた。それでも長旅の疲れが出たのか、夕食を済ませてベッドに潜り込むと、睡魔がすぐに迎えにきた。

翌朝、台北市内を観光することにして朝食を済ませ、ホテルから出て南に歩いていくと、公園に出た。公園の中には児玉源太郎、後藤新平記念博物館があったので見学した。公園を後にして西に目を移すと、高い塔が目に入った。聞くと台湾総督府という。この三月に完成したばかりの台湾最大の建築物だと教えてくれた。さっそく、台湾における最高統治機関として君臨している行政庁舎、台湾総督府を見にいくことにした。

たどり着いて見上げると、赤煉瓦と花崗岩の白石を混用して造っており、重厚感があった。基隆港でも驚いたが、総督府の偉容には肝をつぶすほどに感嘆した。半年前に竣工したばかりだという総督府は、南国の日射しを浴びて輝いていた。その偉容に兵太郎は圧倒された。

台湾総督府は日本における最初のコンペによる建築物であった。「総督府庁舎設計競技」と名付けられ、明治三十九年（一九〇六）に総督府の名で実施された。評審委員には東京駅を設計した辰野《たつの》金吾《きんご》、伊東忠太《いとうちゅうた》、塚本靖《つかもとやすし》、妻木頼黄《つまきよりなか》、中村達太郎といった建築界の重鎮が名を連ねていた。審査は二段階となっており、甲賞、乙賞、丙賞を各一名選出することとなっていた。

一次審査では七名が入選を果たした。続いて、台湾が亜熱帯性気候の土地であることや、地震多発地帯であることなどをふまえた修正案を出させ、約一年後に二次審査が行われた。

審査の結果、辰野金吾の愛弟子である長野宇平治《ながのうへいじ》の案が一等となり、片岡安《かたおかやすし》の案が二等、桜井小太郎《さくらいこたろう》の案が三等となった。長野宇平治は明治期における建築界の若き旗手であり、後には日本建築士会の初代会長も務めた。

台湾総督府の建築は「恒久なる行政庁舎」を建てることを前提に、計画されている。したがって、どのような自然災害でも持ちこたえるよう設計された。そのため、造営の進行と管理については万全が期された。当然ながら、多くの時間と費用を飲み込んだ。

台湾は日本と同様、環太平洋火山帯の上にあり、地震が多い島である。そのため、建物の敷地が決定するとすぐに測量が実施され、地質や地耐力の調査

旧台湾総督府、現在は総統府として使われている

は入念を極めた。測量は一年近くにも及び、基礎部分を仕上げるのに、さらに約一年の時間を投入している。

敷地面積は二一六五坪、建物は五階建てで、起工式は明治四十五年（一九一二）六月一日に行っている。造営は台湾総督府営繕課が担ったが、作業員はすべて日本から呼び寄せられた。当初は百五十万円という予算が組まれたが、最終的には約二百八十万円という巨費になった。

木材は阿里山の檜材をはじめ、新竹州産のケヤキが多く用いられ、鉄骨部分には鉄道用のレールを用いた。工事は朝四時半から始まり、交代制で終日実施されたので、周りの住人からは騒音に悩まされて不眠症になったという苦情があったとか、時間厳守が徹底されていたため、付近一帯では時計が不要だったという逸話が残っている。

起工から三年あまりが過ぎた大正四年（一九一五）六月二十五日、主要部分の工事が完了し、十時半から上棟式が挙行された。建物が完成したのは大正八年（一九一九）三月で、着工から七年を要していた。

兵太郎たちは総督府に続いて、近くの総督官邸や台湾銀行、台湾病院などを見て回り、最後に車に乗って三線道路を通り、台湾神社に向かった。台湾神社から見下ろした台北の街は想像以上に大きく、また近代化されていた。都会化されている台北市に驚くとともに、台湾が内地で言われているような田舎でなく、あらゆる面で松山より進んでいるような気がして、台湾に来たことを肯定的に考えるようになっていた。

台北市内の観光を終えた兵太郎たちは、翌日の朝には汽車に乗って嘉義に向けて南下した。桃園、新竹、台中、彰化を通過して台湾最大の川といわれる濁水渓にさしかかった。この川を越えると林内、斗六、斗南、大林、民雄と続き、嘉義駅になる。

一行は嘉義駅に着いた。兵太郎たちは駅のすぐ前の青柳旅館に腰を下ろした。嘉義の街は津田夫妻が住んでいた街であり、兵太郎一家がこれから住み続ける街でもある。

津田夫妻はともに双渓口《そうけいこう》公学校に勤務していた。定次郎は教諭で校長も兼任しているので月俸三十円、妻の勝野は教諭心得なので月俸十八円を支給されていた。二人合わせると五十五円になったが、日本人には六割加俸制度があって加俸が付くため、八十八円の収入になった。その上賞与もあり、また宿舎代として二十円が支給されるため、日本内地よりはるかに良い生活ができた。

津田夫妻の住まいは、打猫《ターニャウ》南堡双渓口庄の嘉義庁双渓口公学校の近くにあり、嘉義駅や大林駅から連帯鉄

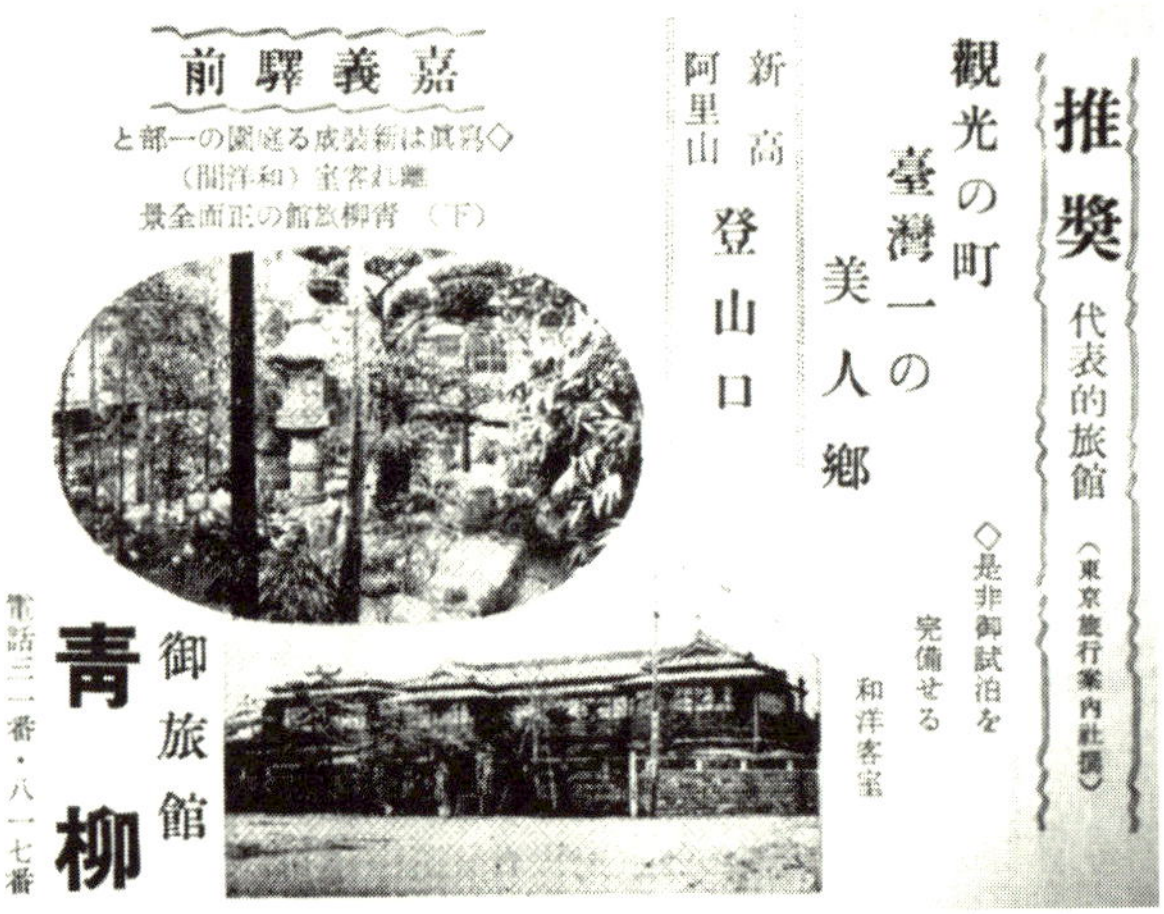

青柳旅館の宣伝用チラシ

道線が延びているし、民雄からはバスも出ていたので田舎の割には交通の便が良い場所に住んでいた。

青柳旅館で一休みした後、定次郎は西堡嘉義街にある嘉義第一公学校へ兵太郎を案内した。兵太郎が勤務することになる学校である。

津田定次郎は公学校の校長をしていたので、兵太郎の嘉義庁内への教員採用について嘉義第一公学校の工藤豊校長と話し合い、臨時採用の形で就職することがほぼ決まっていた。この当時の校長は戦後の校長とは違い、教員の採用、給与、賞与を決める権限を持っていたから、勤務先の校長のさじ加減でどうにでもなったのである。

兵太郎は商業学校の卒業で簿記には精通していたが、教員資格は持っていなかった。しかしこの当時、台湾人の就学率が向上したため、各学校の教員不足が深刻になっていた。兵太郎は中等学校を卒業しており、津田校長が保証人になっていたため、第一嘉義公学校にとっても渡りに舟だったのである。

ここで、内地とは異なる台湾の教育について概略を書いておきたい。

台湾総督府は台湾を領有するとまもなく教育にも力を入れた。明治二十八年（一八九五）七月十四日、台湾総督府は初代学務部長に伊沢修二を任命し、台湾における教育政策を担当させた。伊沢は日本内地でも実現していなかった義務教育の採用を上申し、総督府もその提言を受け入れて台北市芝山巌《しざんがん》に最初の近代教育を行う小学校（現在の台北市士林国小）を設置し、義務教育の実験校とした。その後、抗日事件により日本人教師六人が殺害されるという「六氏先生事件《ろくしせんせい》」なども発生したが、総督府は教育政策を推進し、翌年台湾全域に国語伝習所を設置するなどの教育機関の拡充に努めた。三年後、国語伝習所は公学校に昇格している。

当然ながら台湾人は台湾語で読み書きを行い、日常会話も台湾語を常用しているため、日本語は理解できない。原住民族にいたっては、部族ごとに言葉が違っている上に文字も持っていない。したがって、日本人と同じ学校に通わせることは無理だった。そこで、台湾人の子弟のために公学校を造り、日本人と台湾人の教師に教育させることにした。これまでたびたび出てきた公学校とは、台湾人の通う小学校のことである。

当時の記録によると、公学校の授業は国語、話し方、綴り方、理科、地理、国史などであったという。教員は日本人、台湾人の両方がおり、一年生と二年

公学校での授業風景

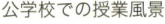

生は主に台湾人教師が担任となり、三年生になると日本人教師になることが多かったという。低学年でいきなり母語である台湾語を禁止することはできないからであった。また、当時の台湾人教師は、九〇パーセント以上を日本人が占める難関を突破してきた秀才であったため、教師としての能力は非常に高かった。そのため、一、二年生の間に日本語をマスターさせてしまう台湾人教師がほとんどで、三年生になれば日本人教師が日本語で授業をしても問題はなかった。

また、公学校での教科書は『国民読本』という総督府が編纂したもので、第一巻でカタカナを、第二巻以降で漢字の混じった文章を教育するためのものであった。さらに、この教科書は会話を中心としたもので、それは日本語が話せる程度の日本語教育を目指し、それ以上の教育を受けなくてもよいと考えていた総督府の政策とも一致していた。

台湾人が公学校を出た後、さらに中等教育、高等教育を受けることは非常に困難なことであった。当時の台湾における中等教育機関は四年間の高等学校普通科、その後三年間の高等学校高等科、五年間の中学校、七年間の師範学校、三年から五年間の高等女学校と実業学校であり、内地同様に複線型の制度になっていた。

元来、台湾の中学校は日本人用中学校と台湾人用中学校に分かれており、たとえば台北一中、台北三中、台北四中が日本人用中学校、台北二中が台湾人用中学校とされてきた。

大正十一年（一九二二）新教育令が出され、このような区別をなくし、すべての中学校を日本人と台湾人の共学とした。しかし、この差別撤廃は有効ではなかった。というのは中学校で出される試験問題は日本語によるもので、さらに出題される問題の八割は日本人が通う小学校から出題され、しかも、日本人の手には入試問題で出題されやすい参考書が出回っていたという。「あんなもの（参考書）があるなんて知らなかったよ。あの参考書があったら、中学ぐらい、だれだって受かるさ」という当時の台湾人中学生の証言がそれを物語っている。

このような差別拡大により、漢族の中学受験は非常に困難なものになり、基隆中学では日本人の倍率が二倍なのに対し、台湾人は十倍近いものとなっていた。さらに台湾における高等教育は台北帝国大学以外は実学に絞られた。またその数も少なく、中学卒業後四年間の医学専門学校、三年間の高等農林、高等商業、高等工業のみであった。また、帝国大学に進むためには日本人が圧倒的多数を占める高等学校の高等科を卒業しなくてはならなかったので、台湾人のインテリはこれらの専門学校へ進学する道にほぼ絞られていた。

つまり、当時の台湾人で台北帝国大学へ入学する者、あるいは日本へ留学する者はごくわずかであり、多くの若者は総督府の政策通り初等教育までの教育、つまり日本語が使えるようになる程度の教育までしか受けることはできず、台湾人エリートたちは専門学校に進み、政治や思想などとは関わりのない教育を受けるようになっていた。

原住民族に対する教育は、台湾人に対する教育とは初等教育から違った。彼らは言葉はあったが、文字というものを知らない。文字の経験がないものに、文字という道具を教えることは至難の業であった。

当時、総督府は平地に住む漢民族化した原住民を「熟蕃《じゅくばん》」、山地に住み伝統的な原住民の生活を送っているものを「生蕃《せいばん》」と呼んだ。この原住民族に対する政策を「理蕃《りばん》」と称し、武器、弾薬、それに蛮刀などを取り上げ、狩猟生活から農耕生活に転換させる方策を採った。

当初は山地に造った派出所に原住民数名を招待し、寄宿させ、教育していた。その内容は簡単な日本語と日常作法で、優秀な者には公学校に転校した者もいた。

原住民における児童教育の中心は蕃童教育所で行われた。ただし、すべての原住民地域に蕃童教育所が設置されたのではなく、原住民対象の国語伝習所も並立して存在した。これらの教育機関の相違点は、設置される地域で異なっている。つまり、蕃童教育所は「生蕃」の地域に、国語伝習所は「熟蕃」の地域に造られることが多かったのである。

「生蕃」の地域に造られた蕃童教育所は、明治三十五年

蕃童教育所での教室風景、和服で授業を受けている

（一九〇二）に警察官吏派出所の教育を制度化したものである。

明治三十七年には台湾山中の数カ所に「蕃童教育所」が設置された。さらに、明治四十一年（一九〇八）には「蕃童教育標準」「蕃童教育綱要」「蕃童教育費額標準」の各法律が制定され、蕃童教育所の法整備がとりあえず整った。

「蕃童教育標準」には「教育ハ漸次《ぜんじ》我カ風俗習慣ニ化熟セシムルヲ以《もっ》テ目的トシ、学術ノ教習ハ暫《しばら》ク急務ト為《な》サザルモノトス」とあり、実際の科目は「蕃童教育綱要」によれば「礼儀、倫理、耕作種芸、手工、国語、計数法、習字」となっており、学術の教育には重点を置かず、農業などの実科教育に重点を置き、日曜日と部族ごとの旧慣を休暇としたため休暇が多いものとなっている。

このように領台当初の山地における教育政策は、原住民にかなり気を遣っていた。こうした蕃童教育所は主に派出所などに設置され、教員は警官で、二十名前後の原住民児童を寄宿生活で一年間（後二年、さらに四年に変更）教育した。使われていた教科書は「蕃人読本」というものがあったが、この利用に関しては各教育所の裁量に任されていたし、使わない教育所も結構あったという。

この「蕃人読本」は公学校で用いられた「国民読本」に相当するものであったが、漢字を理解できない原住民に対してはカタカナが中心に用いられ、日常会話に重きを置いたものであった。

授業料、施設費、食費は取らず、子どもには砂糖や貴重品であるマッチを与えたり、あるいはかなり強引な方法で親の意思を無視してまで子どもを学校に通わせるなどの方法が取られた。これは、原住民が漢民族よりも向学心が低く、文字を持たない生活をしていて、教育というものに慣れていなかったためである。このような蕃童教育所であったが、設置当初には一カ所しかなく、人数も二十名であったものが、昭和五年（一九三〇）には一七三カ所に増え、児童数も六、九九五名に達している。

次に蕃童公学校を見ていきたい。国語伝習所は台湾人に「国語」教育を行い、「日本精神」を養うために設置されたものであるが、「塾蕃」の住む地域にも造られていた。やがて、明治三十八年（一九〇五）になると「蕃人子弟を就学せしむべき公学校に関する法令」が発布され、国語伝習所は「蕃童公学校」と名称を変更した。この法令によって修学年限を四年、科目を修身・国語・算数と決定し、一学級は四十名と定めている。

このように進められた原住民族に対する教育であったが、大正三年（一九一四）の「蕃人公学校規則」により、原住民への教育が軌道に乗り始め、国語教育の上に徳育教育が必要とうたわれた。この時期には、それまで宣撫《せんぶ》工作として行われてきた教育が、やがて同化目的へと変更していくようになっている。

> 「蕃人公学校規則」には「蕃人公学校ハ蕃人ニ徳育ヲ施シ国語ヲ教へ生活ニ必須ナル知識技能ヲ授ケ国風ニ化セシムルヲ以テ本旨トス」とある。

さらに昭和三年（一九二八）の「教育所における教育標準」で日本語教育は組織的に推進され、蕃童公学校を通しての同化政策が進められるようになっていく。

当時の原住民族に対する政策の中心を占めたものは日本語教育であったが、そのなかでも特に子どもたちを中心にした皇民化教育が推し進められていくようになる。

台湾総督府は日本内地と違い、日本人の教育だけでなく台湾人や原住民族の教育にも取り組まなくてはいけなかった。このことは、台湾を領有したときから背負わなくてはならない宿命であった。

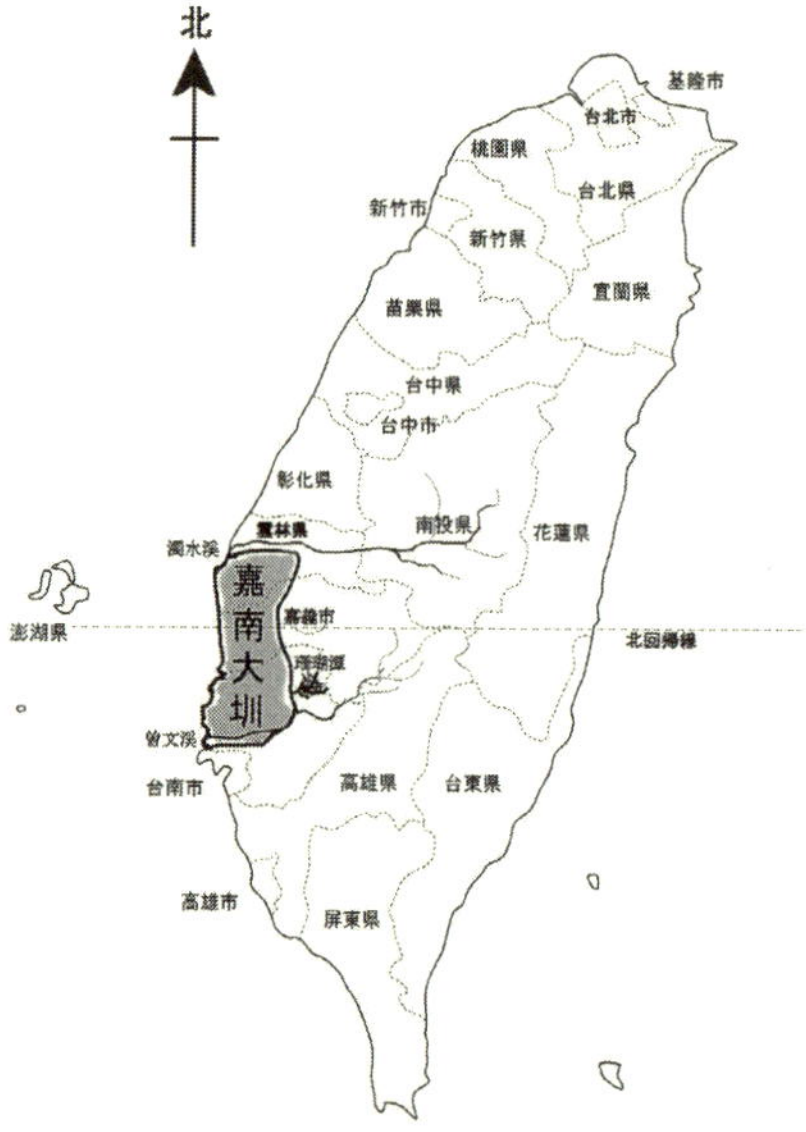

兵太郎一家が終の住み処と決めた台南州嘉義庁嘉義郡は、台湾西南部の嘉南平原北端に位置し、北回帰線が市内南部を通過している。

日本統治時代には竹製の大きな北回帰線標塔が造られていた。東西は約二キロ足らず、南北は約十キロあまりあり、南北に細長い街である。地形は東部の一部が竹崎丘陵地になっている以外は台湾最大の嘉南平原に属し、地勢は東から西にかけて緩やかな下り勾配を形成している。

主要河川には八掌渓《はっしょうけい》、朴子渓《ぼくしけい》があり、それぞれ市内の南北を流れている。土壌はきめ細かい粘土質で、保水性に乏しい土地柄であった。

気候は熱帯モンスーン気候に属し、四月から九月までが雨期となり朝夕にスコールが来る。十月から翌年の三月までが乾期で雨がほとんど降らない。気温は七月が最高で三十二度を超える日が多く、一月が最低であるが、年間平均気温は二十三・三度であるため過ごしやすい土地であった。その上年間降水量は二〇〇〇ミリもあり、温暖な気候と豊富な降水量で農業が発展する有利な条件を持っていた。

台湾最大の嘉南平原は嘉義の北に流れる濁水渓《だくすいけい》から、南は台南にいたる平原である。南北九十二キロ、東西三十二キロもあり、平原の北には台湾で最も長い河川、濁水渓が流れているし、南には台湾で四番目に長い曽文渓《そぶんけい》という河川があるが、ともに遠すぎて農業に利用することができなかった。その上、雨期には洪水、乾期には干ばつ、海岸地帯は塩害という三重苦の大地で、そこに住む嘉南六十万人の農民は飲み水にも困り、貧困に喘いでいたが、やがてこの街が大きく変わるようになる。総督府が嘉南平原の開発に取り組むことにしたのである。

灌漑設備を構築し、台湾最大の穀倉地帯にするという壮大な計画を推し進めようとしていた。

若き土木技師、八田與一の提案であった。

この遠大な灌漑工事は嘉南大圳《かなんたいしゅう》と名付けられ、水源は

嘉南大圳の父八田與一

濁水渓の直接取水と貯水量一億五千万トンの烏山頭ダムが考えられていた。

嘉南大圳は、嘉義庁と台南庁にまたがる十五万ヘクタールの土地に、一万六千キロの水路を張り巡らし「台湾の米蔵」にするというもので、下村宏民政長官の英断と明石元二郎総督の決断によって決定した。

大正九年九月一日に、世紀の大工事が烏山頭の地で起工されていた。

この嘉南大圳が完成すると、嘉南平原の中に位置する嘉義の街が、豊かになることは目に見えていた。実際、十年の歳月と当時の金で五千四百万円という巨費を投じて完成した東洋一の水利事業によって、不毛の大地は「台湾最大の穀倉地帯」と呼ばれるようになり、その面積は台湾全耕地面積の六分の一にもなる広大なものであった。

嘉南の農民は水路を流れてくる水を見て歓喜の声を上げた。

「神の水だ。神の与え賜うた水だ」

以降、嘉南の農民は、八田技師を尊崇の念を持って「嘉南大圳の父」と称えたという。

嘉南平原からは、毎年豊かな米とサトウキビ、それに野菜、豆類などの雑作物が収穫されるようになり、嘉南の農民に多くの恩恵を与え、台湾の農業を大きく変えることになった。

当然のことながら、兵太郎の住む嘉義の農民も豊かになり、生徒の持参する弁当の中身がまず変わった。次いでサトウキビの葉で造っていた屋根が瓦葺きに変わり、上級学校へ進学する子弟も増えたという。兵太郎も嘉南大圳の水を目にし、教え子の生活ぶりが変わってゆく様を目の当たりにしたはずである。

嘉義の歴史は古い。嘉義という地名には、林爽文《りんそうぶん》の反乱が関わっていて面白い。

嘉義はその昔「諸羅山」と呼ばれていた。原住民族の平埔族《へいほぞく》ホアニア族ロツァ支族の集落「ツウロウサン」の台湾語音を当てた諸羅山社から来ている。

諸羅山は中国大陸からの移民の拠点の一つとして発展した。一六二一年、福建漳州《ふっけんしょうしゅう》より顔思斉《がんしせい》が笨港より上陸し、付近の開墾に着手した記録が残っている。その後、台湾を領有した清朝は、翌年台湾府を設置。嘉義は諸羅県の管轄とされた。県庁は佳里興に設置されたが、一七〇四年には諸羅山（現在の嘉義市）に移され、木柵の築城が行われた。雍正《ようせい》年間、知事の孫魯《そんろ》は木城を土城に改築、門楼、砌水洞、砲座が設置された。このように防備を固めた県城は一七八六年に林爽文の反乱が発生した際、陥落することなく十カ月間持ちこたえた。その際に城内の住民が清軍に協力して防衛したことを知った清朝皇帝より「嘉其死守城池之忠義（城を死守した忠義を嘉す）」との聖旨を受け、翌年に詔勅をもって「諸羅」を「嘉義」と改称した。これ以降、地名の変更はなく、今日でもそのまま使われている。

嘉義はまた、交通の要衝でもあった。基隆から高雄《たかお》まで延びる縦貫鉄道や縦貫道路が走っていた。

その上、東には台湾山脈が広がり、三千メートルを超える山々が連なっていて大森林を構成している。最も高い山は三九五七メートルと富士山より高く、当時は新高山と呼ばれていた。

総督府はこの阿里山大森林に目を向けていた。巨大な楠や紅檜と呼ばれる台湾檜が、手つかずの状態で発見されたのである。この阿里山大森林は総督府の若き小笠原技師によって明治三十三年（一九〇〇）に発見されていたが、峻険なため伐採して運搬することができず、放置されていた。そこで明治三十七年（一九〇四）東京大学林学科の河合鈰太郎教授に設計を依頼し、阿里山山岳鉄道を造ることにした。その出発駅は嘉義の駅が使われた。この山岳鉄道は大正元年（一九一二）に全線開通し、阿里山線が完成した。その結果、阿里山から切り出される台湾檜や楠が嘉義に運ばれ、製材されて建築材に加工されたり、樟脳を抽出する工場が総合商社鈴木商店によって造られ、アジア最大の木材集積場として活況を呈した。樟脳はセルロイドの原料として、内地をはじめヨーロッパ、特にイギリスに輸出された。

阿里山に向かう山岳森林鉄道列車

この山岳鉄道は、世界三大登山鉄道として今日も活躍している。嘉義駅につながっているのは、阿里山線以外にも大日本製糖会社線や明治製糖会社線があった。製糖会社によるサトウキビの運搬に使用される線路だったが、人が乗ることもできたから便利であった。

ここで兵太郎一家が住むことになる嘉義の街中のようすも見てみることにする。

総督府は台湾領有以来、たびたび地方改制を行って行政区を変更したが、この当時は五州二庁、すなわち台北州、新竹州、台中州、台南州、高雄州と、台東庁、花蓮港庁に分けていた。

嘉義は台南州に属し、州都は人口十万人を超える台南市であった。

明治三十九年（一九〇六）の嘉義大地震により、清朝時代に造られていた東門以外の県城施設はすべて倒壊したため、総督府は災害復興に際して都市計画を実施し、新生嘉義の建設に力を注いだ。その結果、機能的な街として再生され、商業および交通の発展により、台南市に次ぐ南部地域の中心都市としての地位を確立することになった。大正九年（一九二〇）の第八次改革では台南州嘉義郡の管轄下で地方自治が開始されることとなり「嘉義街」が成立した。その後も発展を続け、昭和五年（一九三〇）には市に昇格した。

嘉義郡の人口は、昭和九年の調査によると六万三千人あまりで、そのうち日本人は八、九二三人が暮らしていた。台南州では二番目に大きな街であったが、兵太郎太一家が、居を構えた大正期は、台南州嘉義郡嘉義街というのが公的な行政名であった。

当時の嘉義噴水

兵太郎一家は、嘉義街に住んでいた。住所は台南州嘉義郡嘉義街北門外二五六番地である。清朝時代に開けた街は城壁が造られ、基本的には東西南北に造られた門が出入りする唯一の方法であった。住民はこの城壁の中で暮らすのが一般的で、外敵から身を守るための仕組みである。嘉義街の城壁は、日本が領有した後の地震によって倒壊したため、門跡には円環《ロータリー》が造られた。昭和二年（一九二七）、円環の一つに噴水装置が取り付けられ、嘉義名物となっていた。

縦貫鉄道の嘉義駅から嘉義噴水に続く道路は栄町通りと呼ばれ、嘉義で最も賑やかな繁華街になっていた。この噴水池は、元町、北門町、栄町、西門町によって取り囲まれており、円環池の周りには嘉義座や郵便局、台湾銀行支店、商工銀行支店、老舗のお菓子屋である日向屋が建ち、部屋数三十五室で一泊五円という高級ホテルの嘉義ホテルのほか、中央ホテル、多加良館、大藤、江藤などの宿泊施設もあった。

噴水池から北門町を北東に延びる道路を歩くと、市役所、博物館、警察署があり、その向かいには嘉義商工補修学校と税務署があった。この通りをさらに東に歩いていくと宮前町に入り、後に甲子園で活躍する嘉義農林学校が開校していた。農林学校の東には嘉義神社が建立されていて、石段を登ると嘉義街を一望できた。嘉義神社の神殿や社務所は、阿里山から切り出された台湾檜がふんだんに使われ、総檜造りの神社として嘉義の誇りとなっていた。

神社の南には野球グラウンドが造られていて、嘉義農林学校の野球部が練習場として使っていた。また北側には嘉義公園があり、この東側一帯は「山子頂」と呼ばれていた。

噴水池から北に向けば、縦貫鉄道の線路越しに桧町があり、一万六千坪の広大な木材集積所や営林所製材工場があった。転じて南に行くと、南門町を越えた玉川町には嘉義高等女学校、その東の堀川町には嘉義郡役所や競馬場まで造られていた。この他にも、西門町には西市場、元町には東市場があり、新鮮な食料などはここで調達できた。

嘉義公園をさらに北に向けて歩くと、中央研究所試験場、水源地、射的場、葬儀場があった。水源地の西には温泉があり、日本人がよく利用していた。この温泉は、冷泉を沸かしたもので入浴料は二十銭。嘉義駅からは温泉まで定期バスが走っていて、街中に作られた各停留所で乗ることができたため、バスを利用して行く者が多かった。

幸いなことに、兵太郎一家は嘉義の中心地に近い北門町の側に一軒家を借りることができた。兵太郎は職場を得た上に、安住の地も得たのである。

噴水の前にあった嘉義座

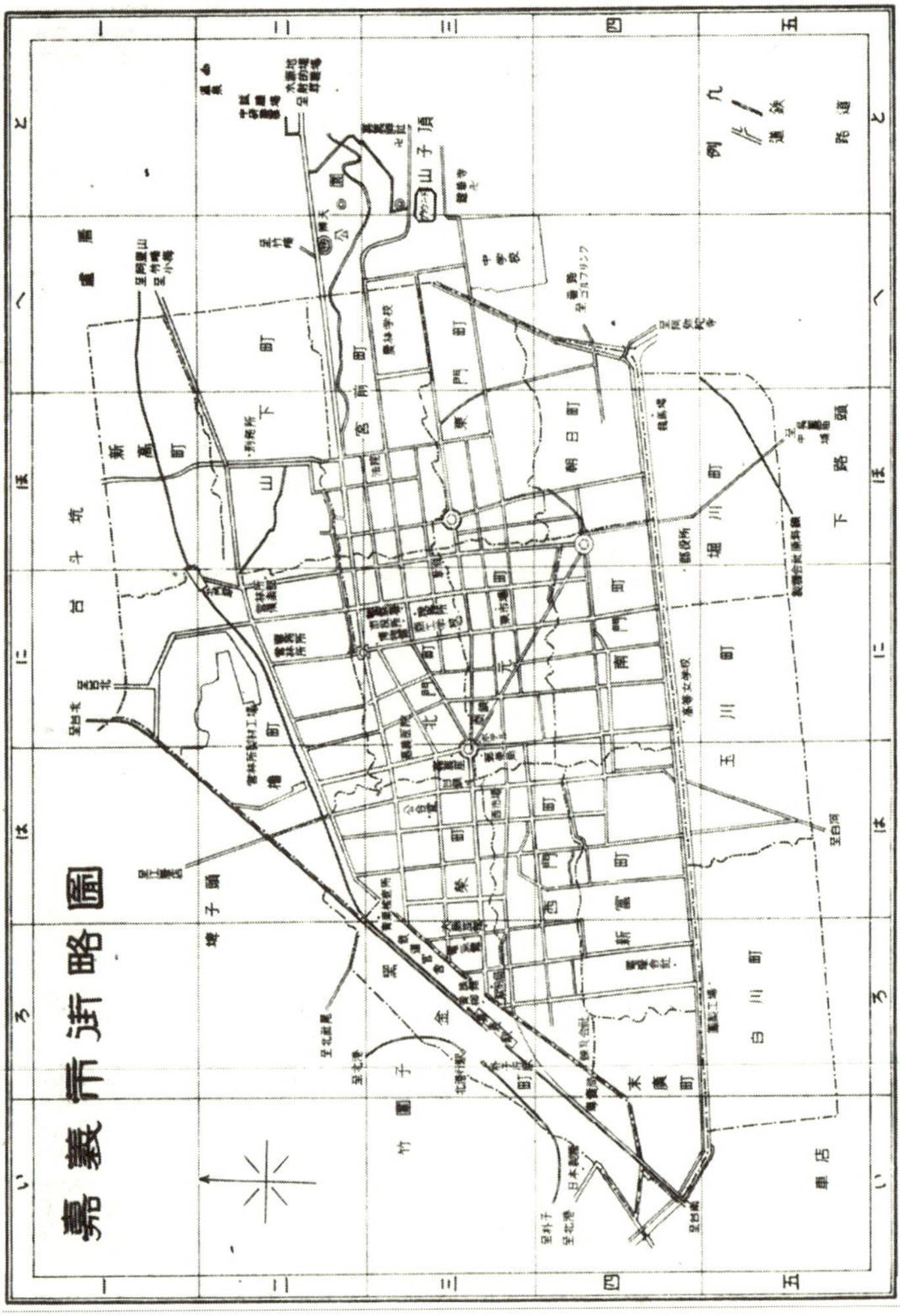

昭和九年の嘉義市街略図

第四章　さらば松山商業野球部監督

台湾縦貫鉄道急行列車

兵太郎は大正八年（一九一九）九月二十日付で第一嘉義公学校の教諭心得として採用された。しかも、月俸三十七円であった。当然、六割加俸も付いたから六十円近くになった。当時の内地における大学卒で大手銀行の初任給が四十円から五十円であったから、台湾の教員は内地に比べると待遇が良かったといえる。

この六割加俸というのは、日本人だけに与えられた制度であり、台湾人には適用されなかった。台湾総督府が優秀な人材を内地から呼ぶために考え出した苦肉の策である。領台当時の台湾は、マラリアをはじめ風土病がはびこり、匪賊が横行し、「出草《しゅっそう》」と称して首狩りをする原住民族が横行する土地である。そのような土地に移住してくる日本人は一旗揚げようともくろむ者ぐらいで、役人も自分から希望して赴任しようとする者は少なかった。そのため行政が停滞し、計画通りに仕事が進まない。そこで総督府は、内地からやってくる日本人の公務員には特別手当として月俸の六割を上乗せすることにした。当然ながら、同じ学校に勤めて月俸が同じでも、日本人だけは台湾人より六割も月俸が多かったのである。ただ、台湾人は日本からやってきた者への六割加俸は仕方ないと多くの者が思っていた。しかし時が経ち、台湾で生まれ台湾で育った「湾生《わんせい》」といわれる日本内地を知らない者にまで六割加俸が付くことには、不信感を持った。差別されていると思う台湾人が多かった。この制度は、日本の敗戦まで続くが、昭和十九年（一九四四）になると台湾人にも適用されるようになる。台湾総督府が編集した当時の「台湾総督府及所属官署職員録」を見ると、公務員すべての名簿が記載されており、職名、月俸の他に、日本人は出身地が、日本人以外は本島人と記載されている。

「台湾総督府及所属官署職員録」は、台湾が日本に割譲された明治二十八年の翌年には発行され、敗戦の前年、昭和十九年まで毎年発行されている。したがって、公務員であればこの職員録を見ることによって当時の勤務先から月俸、それに出身地や職員構成などがすべてわかる貴重な資料である。

嘉義第一公学校は嘉義西堡嘉義街にあり、職員は二十名もいた。教諭は日本人六名、本島人六名で工藤豊教諭が校長を兼任していた。教諭心得は全員日本人で五名いたが、兵太郎以外は女性であった。さらに訓導心得として本島人三人がいた。

昭和16年発行の職員録

嘉義にはこの他に嘉義第二公学校や嘉義女子公学校があったが、嘉義第一公学校は嘉義庁内でも一番大きな小学校であり、水虜厝分校まで抱えていた。

嘉義第一公学校で初めて教員を経験することになった兵太郎は、台湾人の子弟の能力の高いことを知った。公学校に入学してくる子どもは日本語が話せないから、台湾人の教員が一、二年生を受け持っていたが、早い子どもだと一年後には日本語を自由に操ることができ、二年生の終わりになると全員が日本語の授業を受けられるようになった。三年生からは日本人の教員が教える学校が多く、兵太郎の勤める学校も同じで、兵太郎は三、四年生を教えた。学校で言葉に困ることはなかったし、教師のなかに台湾人の子どもだといって差別する者は誰もいなかった。

子どもたちは教科書を風呂敷に包んで登校した。裕福な家庭の子どもには鞄《かばん》で登校する者もいたが、まれであった。靴もなく裸足で登校する子どもが多く、家に帰っても裸足で過ごすのが普通だった。

学校に入学することができる子どもは、幸せである。学校に行きたくても、貧乏であったり、家の都合で学校に行けない子どもが結構いた。清朝時代に学校へ行くのは、大陸から来た役人の子どもだけで、台湾育ちの庶民の子どもが学校へ通う制度はなかったから、学校そのものを知らないのである。したがって、通学する年齢に達しても、働き手として農業を手伝ったり、奉公や子守に出るのが普通のことであった。

台湾における情報手段は乏しかった。当時の情報源はラジオか新聞、それに雑誌だった。当時、ラジオは高価で、持っている家庭は少なかった。それでも日本から流れてくるラジオの情報は貴重で、学校の職員室での話題には事欠かなかった。新聞は台湾日々新報が一番大手で早くから発行されており、日本語版と台湾語版があった。その他では、日本から届く手紙から内地の様子を知るくらいだった。

年が明けた大正九年三月三十一日、兵太郎は月俸が四十円に上がった。俸給令が改正されたからである。それまでの教員の俸給は、内地に比べると低いというのが問題になっていたための改正であった。加俸を入れて六十四円になり、その上に賞与と宿舎代が支給されたから、生活は日本にいるときよりはるかに楽だった。内地に比べて食費が安く、冬物の衣服が要らないのも助かった。

夏休みは七月から始まり、二学期は九月一日からであったから、まるまる二カ月近い休みが取れた。

兵太郎が渡台したのは大正八年の九月である。松山商業野球部の監督は継続していたから、公学校に勤務しながらも、松山商業野球部のことが頭から離れることはなかった。普段の練習方法は、帳面にきちんと書き残してきたので心配はなかった。

問題は公式試合の采配である。幸いなことに、大事な公式試合は夏休み中に行われることが多かったので、夏休みになると急いで松山に帰ることにしていた。野球部員は兵太郎が台湾から帰ってくるのを待ち望んでいた。

夏休みになると汽車に乗って基隆に行き、ここで船に乗り込んで門司まで行くのだが、兵太郎は船に弱かった。船に乗

松山商業第６回全国中等学校野球優勝大会出場記念写真（大正９年）

り込むと、まだ出港していないにもかかわらず気分が悪くなるのである。出港して外洋に出ると太平洋のうねりが待っていた。こうなるともう立っていられない。悪い気分がさらに悪くなり、嘔吐を繰り返す。嘔吐が辛いので一切食事を取らず、三日間を過ごすのである。基隆から最初に着く港は、門司である。門司に着くのを待ちかねて下船し、まずは食堂に飛び込むという具合である。船旅がどんなに苦しくても、母校の野球部の指導には駆けつけた。

学校に顔を出すと、兵太郎が監督として前年に甲子園へ連れていった髙尾、片山選手が笑顔で迎えてくれた。兵太郎は監督として毎日のように指導を行い、選手を鍛え上げた。

その結果、第六回中等学校野球優勝大会の四国西部予選（愛媛県大会）では松山中を七対〇で完封して優勝し、鳴尾球場で行われた四国予選では香川商業を八対一の大差で破り、全国大会へ二度目の出場をすることになった。この時の応援団は、すごい迫力であった。「南無妙法蓮華経」と大書した数十本の白い長旗を仕立てて熱烈に応援するのである。それほど、松商野球部には今でいう松商オタクが多かったのである。

二年連続の甲子園出場である。しかも、兵太郎が台湾に移住した年の全国大会出場である。兵太郎に対する選手や学校、それに後援会の信頼はいやが上にも増した。台湾にいても監督はできるという判断が正しかったと、皆が思った。第六回全国中等学校優勝野球大会は、大正九年（一九二〇）八月十四日から十九日の間、兵庫県武庫郡鳴尾村（現在の西宮市）の鳴尾球場で行われた。

参加校数百五十七校、出場校十五校で十四試合が行われた。松山商業は一回戦、山陽代表の鴻城中を十対一で下し、二回戦は大阪代表の明星商業を十九対〇という大差で破り、準決勝では京浜代表の慶應普通部と対戦して延長十六回に点を入れられ、四対三で惜敗した。

全国大会に出場二年目でベスト４になったのである。これまで兵太郎の指導してきた方法が間違っていなかったと、確信が持てた。

兵太郎は、自信を持って台湾に帰ってきた。この時の松山商業の活躍は台湾でも噂になった。しかし、その監督が兵太郎だと知る者は少なかった。

帰台して学校が始まるとまもなく、兵太郎は正式な教員資格を得るために、教員検定願と履歴書の下書きを始めた。教員検定願には「公学校専科教諭（但し商業）右教員志願ニ付無試験検定相受度別紙書類相添此処段相願候也」と記載し、履歴書を添えて大正九年九月二十日の日付で総督府に提出した。

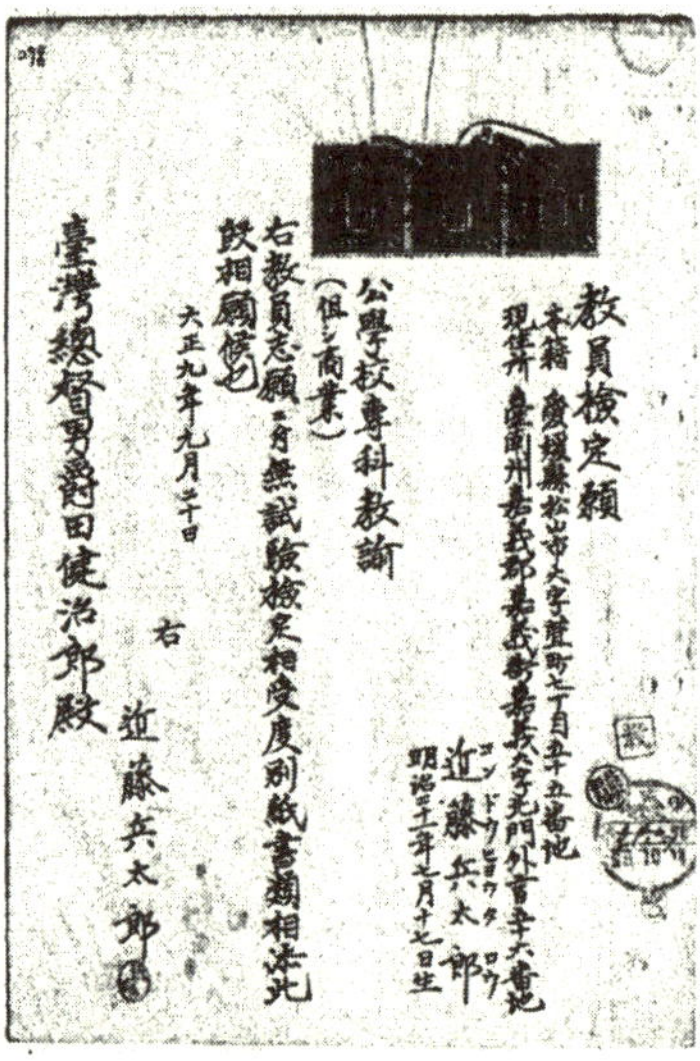
[redacted]
教員検定願
本籍　愛媛縣松山市大字萱町七丁目五十五番地
現住所　臺南州嘉義郡嘉義街大字北門外百五十六番地
近藤《コンドウ》兵太郎《ヒヨウタロウ》
明治二十二年七月十七日生
公學校専科教諭
（但シ商業）
右教員志願ニ付無試驗検定相受度別紙書類相添此段相願候也
大正九年九月二十日
右　近藤兵太郎
臺灣總督男爵田健治郎殿

兵太郎自筆の教員検定願

年末には総督府から田健治郎《でんけんじろう》総督名で認定通知書が届いた。来年の四月一日から正式な商業の専科教員として認定されたのである。

「商業」の専科教員ということは、公学校からの転任を意味していた。正式に辞令が届いた。辞令は、中等学校の台南州嘉義簡易商工学校の教諭となっていた。

この学校は住居の近くの北門町にあり、徒歩で数分の距離であった。学校の隣は税務署で、道路を挟んだ対面には博物館、市役所、警察署があり、便利な場所であった。

これまで台湾人の小学生に、主に日本語や習字を教えていたが、この学校では専門の簿記を中等生に教えれば良いので精神的に楽だった。ただ学校規模は小さく、教諭が三人、教諭心得が三人の六人だけで、校長は教諭の兼任であった。月俸は五十三円に昇給し、六割加俸を入れると八十四円八十銭にもなった。

嘉義簡易商工学校に赴任してまもなく、家族が増えて四人になった。七月二十日に三女の和子が誕生したのである。家庭は賑やかになったが、学校生活は落ち着いていた。日本にいるときと違って生活の中に野球が入っていないため、自由な時間もたくさんあった。

台湾生活にも慣れてきた。気温が高いのでよく汗をかいたが、三年目になると身体が慣れてきたのか暑さが気にならなくなった。

嘉義の街もほぼわかった。食料は東市場か西市場に行けば欲しいものは手に入ったし、主食の米は日本と同じ美味しい米が安く手に入った。

二人の日本人技師による品種改良の結果であった。磯永吉《いそえいきち》技師と末永仁《すえながめぐむ》技師が台中農事試験場で研究を重ね、日本と同じジャポニカ種の栽培に成功したのだと聞かされた。

嘉南大圳は昭和五年にすべてが完成したが、嘉義地域は濁水渓からの直接取水による灌漑だったので昭和二年（一九二七）には給水が開始され、田畑に十分な水が送られてきていた。その田に、二人の技術者の結晶である新品種の稲が植えられていた。

台湾におけるジャポニカ種の育種には、二人の日本人技師の努力の結晶が詰まっていた。

余談になるが、兵太郎一家が口にして、内地と変わらない味だと食べた米について述べてみる。

総督府は製糖業とともに米作にも力を入れた。灌漑施設を造り、水田の面積を増やす一方で、日本人の口に合う米の品種改良にも力を注いだ。当時日本は米が不足していたため、台湾や朝鮮から輸入しなければならなかった。しかし台湾で作られていた米は、オランダ統治時代や清朝統治時代に持ち込まれたパサパサした食感のインディカ種であったため、日本人の口には合わず、その上赤米や栄養不足の烏米が混入していて、日本に移出しても良い値段では売れなかった。そこで粘りのあるジャポニカ種の導入が行われたが、まだ栽培技術が確立していなかったために失敗した。

そこで総督府は、在来米の研究を優先して行うことを決め、明治三十九年（一九〇六）には在来米の品種改良を屏東《へいとう》・鳳山《ほうざん》で最初に行い、その後、大正九年（一九二〇）頃まで、赤米の除去や優良品種の選抜などが、全島の農事試験場で続けられた。

農事試験場の一つに、台中農事試験場がある。札幌農学校出身の磯永吉技師が場長をしていたこの試験場に、末永仁技手が赴任してきた。

この試験場でも総督府の方針をもとに、在来米の品種改良に取り組んでいたが、末永主任が、稲の老化を防止する画期的な方法を発見した。

「稲の老化防止法」とは、籾を苗床に播く時、密播せず量を減らして播き、適当な肥料を与えることによって強健に育てた小さい苗を、従来より早い時期に本田へ移すという方法で、移植後の成熟が早過ぎず、順調に育ち、収量が多くなり、在来種の苗代日数の常識を大きく変えるものであった。この強健に育てられた苗は、末永主任の提案で「若苗」と命名された。

この在来種による若苗育種による栽培法を、日本種に応用したところ、よい結果が得られた。しかし、若苗がなぜ良い結果をもたらしたのかという科学的な根拠は、不明なままであった。そこでさらなる研究が重ねられ、磯永吉技師によって「若苗」の科学的な裏付けが証明された。磯技師による科学的理論は「若苗理論」と名付けられ、日本種の栽培法が確立したのである。

最初、日本種は九州から移入された「中村」が、九州と同じような気温の低い、陽明山の「竹子湖《ちくしこ》」地域に多く植えられ、次第に広がっていったが、そのうち台湾特有のイモチ病にやられたためイモチ病に強い「嘉義晩二号」が選抜され、台湾南部に広がっていった。

この結果、高値で取り引きされる日本種の植え付けをする農家が増えていき、台湾における日本種栽培が軌道に乗ってきた。

大正十三年（一九二四）には台中農事試験場において「神力」と「亀治」の交配によって、新品種の「台中六五号」が末永仁技師によって育種選抜されると、耐病性、広域性があり、一期作、二期作ともに「台中六五号」で良いこと、また施肥により収量が増え、倒伏しないことなどから台湾全島に普及した。当時、台中六五号は農民によって「一株、十本、一本に百粒の米がなる」と喜ばれた。この台湾で栽培される日本種米の総称として、大正十五年（一九二六）五月五日、台北において開催された第十九回米穀大会で、時の伊沢総督が「蓬萊米」と命名した。後に日本型の交配育成種を総称して蓬萊種と呼ぶようになる。その後、蓬萊種は全耕地面積の六〇パーセントも植えられるようになり、昭和九年には七十五万トンもの蓬萊米が日本に移出された。このため台湾の米作農家は収入が増えて経済的に豊かになり、蓬萊種の出現は台湾農業を大きく変えるとともに台湾人の食生活にまで影響を及ぼした。

かつて台中農事試験場には台湾の農民によって「蓬萊米の母」と畏敬の念で慕われた末永仁技師の銅像が建てられていたが、残念なことに戦時中に供出され、現在では写真で見ることしかできない。

末永仁技師の銅像

今日でも蓬萊米は研究され、新品種が生まれているが、この新品種の多くには末永技師が生み出した「台中六五号」のＤＮＡが含まれている。また、かつて在来種しか作られていなかった台湾で日本種である蓬萊米が成功し、それが戦後も引き継がれてきたため、現在では蓬萊米の作付面積は九八パーセントにもなり、日本統治時代よりはるかに多くなっている。

台湾での食生活は米だけではなかった。市場には、日本では見ることのできないトロピカルフルーツが安い値段で売られていた。台湾バナナ、マンゴー、パパイア、竜眼、スイカ、パイナップル、レイシなど口にするのも初めてのものが多く、甘いのには驚いた。

嘉南大圳による水の恩恵と蓬莱米は、地上の植物に活力を与えただけでなく、そこに住む住人をも豊かにした。

嘉南平原の農民は、嘉南大圳や蓬莱米によって経済的に豊かになった。まず、食事の中身が良くなり、服装が良くなり、家が新築され、子どもの進学率が上がった。特に上級学校への進学が盛んになった。そのため、嘉義郡には中等教育関係の学校が多くできた。台湾人は実業学校に通学する者が多く、嘉義農林学校もその一つで、台湾で最初に創られた農林学校であった。当初は修業年限が三年制で、六学級という規模であった。それ以外にも嘉義郡水上庄には水上農業補習学校ができ、兵太郎が転勤した嘉義簡易商工学校もそうであった。日本人の多くは、嘉義中学校や嘉義高等女学校に通った。

兵太郎が勤めて一年後には、学校名が簡易商工学校から商工補習学校に格上げされ、肩書は教諭から助教諭になったが、学校が昇格したため月俸は五十五円と昇級した。

嘉義商工補習学校は台湾人のための学校で、当初工科一学級、商科二学級で構成されていた。商科では簿記や珠算、それに帳簿の付け方などを指導し、書写も時々教えた。基本的には午前中の授業で、午後は放課になることが多くあり、生徒は帰宅して家業を手伝うのが普通であった。

時々、津田夫妻が訪ねてきてくれた。ともに教員で休みが同じだったため、交流は続いていた。兵太郎の就職に尽力した津田定次郎は、大正十五年（一九二六）、公学校から新竹州州立新竹中学校の教諭に転勤し、台湾を去るまでこの学校に勤務した。最後は高等官四等にまで出世している。

嘉義商工補習学校には野球部はなく、また野球部を作れるような財政上の余裕もなかった。

兵太郎の松山商業野球部の監督は続いていたので、長期休暇が取れるようになると松山に帰って指導を続けていた。

大正十年（一九二一）には、前年の選手のうち藤本定義、近藤順、灘尾益美の三人を残すだけで弱体化していたが、第七回全国中等学校優勝野球大会四国予選が松山高等学校のグラウンドで行われることが決まっていたので、選手だけでなく、学校や後援会にどうしても優勝したい気持ちがみなぎっていた。

そのため、三塁手から投手になった藤本は精進して成長し、外角低めのカーブが冴えてきた。藤本が抜けた三塁手には一年後輩の森茂雄が抜擢されていた。投手に藤本定義、捕手に西本祥太郎のバッテリー、一塁児島晃、二塁中村勝政、三塁森茂雄、遊撃手には主将の近藤順、左翼は岸思愧三、中堅に瀬尾益美、右翼に松木昌訓を配置して臨んだ。

決勝戦では優勝候補と目されていた北予中を三対二で破り、三度目の全国大会出場を決めた。

全国大会では二回戦で明倫中を五対四で破ったものの、三回戦では京都一商と対戦し負けた。この試合では、二回まで両軍緊迫したゲームであったが、三回裏に一死後、投手前ゴロのエラーで出塁され、ただちに二盗され、原田の内野安打と安江の中堅二塁打で二点をあげられ、さらに四、五回に一点をあげられた。これに対して松山商は、五回表に二死後、岸が二塁越えの安打をして、二盗、森の内野安打で三塁に進み、打者松木のときに岸が本盗して一点を返し、追撃に出たが、六回裏、河瀬、竹内の長短打を挟んでのうまい攻撃に遭い、大量三点を取られてそのまま押し切られ、七対一の大差で敗れた。

翌大正十一年（一九二二）には、兵太郎が勤務する学校の規模が大きくなり、学校名が台南州嘉義商工補習学校と変更になった。そのため、簡易補習学校の時には教諭だった身分が、助教諭になったが、給与は上がった。

兵太郎は夏が近くなると、相変わらず苦手な船に乗り、松山に向かう生活を続けていた。八月一日から五日まで開催された第八回全国中等学校優勝野球大会四国予選では、四連勝して高松商を四対二で破り、四回目の全国大会に出場することになった。今回こそはと決勝進出を目指して乗り込んだが、準決勝戦で神戸商に二対一で敗れて無念の涙をのんだ。敗れたとはいえ、新聞には「名門校松商野球部」の文字がいつも使われるようになり、中等野球部の名門校として日本中にその名が知られるようになった。

大正十二年（一九二三）は未曾有の大惨事が日本を襲った年であった。九月一日、東京、横浜を中心に直下型大震災が関東一円を襲ったのである。しかし、第九回全国中等学校優勝野球大会四国予選は八月一日に松山球場で開催され、全国大会も八月十六日から二十二日の期間に兵庫県の鳴尾球場で実施されることになっていた。四国大会で高松中を十三対一で破り優勝した松商野球部は、全国大会二回戦で甲陽中と対戦した。藤本定義の本塁打により二対〇で勝っていた九回表に、走者二人を置いて岡田選手に本塁打を浴びて逆転負けを期した。この時の甲陽中は勝ち進み、決勝戦で和歌山中を五対二で破って初優勝している。

三年間投手として全国大会に出場した藤本定義は、松商を卒業すると早稲田大学に進学し、野球部で活躍するようになった。早稲田大学でも投手として活躍し、鋭いカーブを操ったことから「カーブの藤本」といわれ、大正十四年秋の復活早慶戦で勝利投手となった。大学卒業後は、東京鉄道局野球部の監督を経て東京巨人軍の監督になり、野球人生を歩んだのち野球殿堂入りを果たした。

関東大震災が起きる前に、皇太子であった昭和天皇が大正天皇の摂政として台湾行幸に赴き、無事に帰国している。この時、皇太子の来台に合わせて、総督府は原住民族の呼称を蕃族や蕃人から高砂族と変更した。また、台湾島内でも全国中等学校優勝野球大会への出場をめざして、全島中等学校優勝野球大会予選が行われることになり、台北一中が初めて台湾代表として全国大会に出場している。

大正十三年（一九二四）二月には、大毎野球チームが台湾を訪問した。花崗岩グラウンドにおいて高砂族による野球チーム能高団と試合をし、二十二対四で大毎チームが勝ったという新聞記事を兵太郎は目にした。また、関東大震災による帝都復興のため、台湾総督府から後藤新平が総裁を務める復興庁に多額の資金が送られたとも報じていた。関東一帯では復興に向けた取り組みが急速に進んでいた。

そのような世情でも、中等学校野球に対する国民の思いは熱いものがあり、大阪毎日新聞社によって中等学校選抜野球大会が新たに創設され、春に実施されることになった。第一回大会は、名古屋市の山本球場で四月初旬に五日間の日程で実施された。第一回大会では八校が選抜され、四国からは松山商業と高松商業が選抜された。松山商業は一回戦に早稲田実業と対戦したが、三対二で惜敗した。この時の優勝校は、早稲田実業を二対〇で完封した高松商業であった、

第十回全国中等学校優勝野球大会は予定通り夏に実施されることになり、八月一日から四国予選が松山で実施された。この時も松商は決勝戦で高松中と対戦し、三対二で勝って六回目の全国大会に臨んだ。台湾からは台北商業が出場していた。

試合会場は、この年に完成したばかりの甲子園球場で行われることになっていた。この球場は三月十一日に起工し、七月三十一日に完成した世界最大級の規模を誇る球場で、後に本塁打が出にくい球場として有名になったほどである。完成からまもない八月十三日に第十回全国中等学校優勝野球大会が実施された。この大会以降、全国中等学校優勝野球大会は一般に「甲子園野球大会」と親しみを持って言われるようになる。

兵太郎は監督として十一名の選手を連れ、鞍懸琢磨部長とともに甲子園に乗り込んだ。投手中村国雄、捕手森本茂、一塁手空谷光友、二塁手萩原寛男、三塁手高須賀亨、遊撃手には三塁から移動した主将の森茂雄、左翼には池内達二、右翼には槙五六平、中堅には中川武行を配して試合に臨んだ。

初戦は秋田中を十三対一で下したが、次の準々決勝では松本商業に五対二で敗れた。この試合、松商は三回表、森の中堅越えの安打がランニングホームランとなって幸先の良い二点をあげたが、その裏、球場に不慣れのためか、捕逸であたえずもがなの二点を献上、さらに外野飛球が大鉄傘の影で野手が目測を誤り、テキサス安打になるなどして不運な加点を許し、敗れ去った。

鳴尾球場に慣れていた選手は、甲子園球場の大きいのに驚くとともに、内野席の大鉄屋根の影に打球を見失うなど戸惑いながらの試合であった。これはどのチームにも当てはまることで、言い訳にはならなかった。

この時、主将を務めた森茂雄は、松商を卒業すると藤本の後を追うように早稲田大学に入学し、好打巧守の内野手として活躍した。大正五年には早稲田の主将を務め、その年不在だった監督の代行をも務めた。早稲田大学卒業後、印刷会社の誠文堂に入社し、仕事のかたわら早大野球部推薦の六大学リーグの審判となり、またクラブチーム・東京倶楽部のメンバーとして三年間都市対抗野球に出場し、二度の優勝に貢献した。誠文堂を退社し遊んでいる時、安部磯雄に強く激励されたこともあり、昭和十年に新たに創設された大阪タイガースの監督として契約。初代監督となった。藤本定義と同様に森茂雄も野球人生を歩み、後に野球殿堂入りを果たす。

その顕彰碑には「松山商業、早稲田大学で強打の内野手とうたわれ、また大阪タイガース、イーグルスの初代監督として采配を揮った。戦後十余年間早大の監督をつとめ、六大学リーグ優勝九回の記録を樹立し、又多くの人材を育成した。その後、大洋球団社長、川崎球場社長を歴任。なが年にわたって野球界に多くの業績を残した」と刻まれている。

森茂雄は松山商業高校野球史編集委員会による「野球史」に、近藤兵太郎監督について次のような文章を寄稿している。

私の松商における野球生活中、多くの人に御世話になったが、その内で絶対に忘れてはならない人がいる。それは近藤兵太郎先輩である。人略して通称「近兵さん」。この人くらい意志の強固な実行力に富んだ人はまず珍らしい。松商が四国代表になるまではと、はるばる台湾から毎夏帰松して、松商の面倒を見る。鼻っぱしの強い、実に頑固な人であるが、船にはからっきし弱く本当に意気地なしと言われても文句の言えない程に船旅は苦手。基隆から門司までの約四日間の船旅を一食もしないで、船室に閉じこもり、我慢しなければならない。それ程苦しい思いをしながらも、毎夏帰って来る。事もあろうか、私の知っているだけでも七年間連続の帰松である。熱心と言うか、意地と言うか、むしろ執念と言った方が適切なる言葉かも知れぬ。炎天の練習で、もうここらで息が抜きたいなあと思っている矢先、白地の浴衣に絽の羽織を着て、麦藁帽子（通称カンカン帽）をかぶり、手には道後温泉通いの手提げをぶらさげて、右翼後方からトコトコやって来る。

これを見た瞬間、息抜きの気持は何処へやら、極端に緊張の度が増して来る。実に勘のよいと言うか、吾々が幾分サボリ根性を発揮し始めた頃に、忽然と姿を現す。誠に憎らしい程タイミングが良い。

おもむろにベンチに坐り、それから鋭い眼差しで練習を見始める。もしへまをやろうものなら、忽ち頭の天辺から出るような声で怒鳴る。それもただむやみに、大声を出して罵倒したりするのではなく、風刺まがいの文句を交えて叱るので、しゃくにさわる事もあるが、大抵の場合こっちが苦笑いをする事の方が多い。守備なんぞでエラーを仕出かすと、「おい、あれは誰ぞ、補欠か」なんて皮肉たっぷりの野次を飛ばす事もある。

この野次は口癖らしく最もよく聞かされる言葉であったので、選手間にも流行して、誰もがよく補欠かと口にするようになった程である。

常日頃、日蓮を崇拝し、日蓮があれ程厳しい迫害を鎌倉幕府から受けながら、それを耐え忍び、初志貫徹した意志の強固さ、実行力の威大さを讃え、スポーツマンに最も相応しい精神であると、吾々に解くあたり、立派な哲学者のようでもあった。

非常な研究家で、野球をよく理解し、常に進歩的な理論をとく人であった。特にルールに精通していて、絶対に他の追従を許さず、しかもそれでいて尚且つルールブックを決して身から離さない程の熱心さがあった。

かつて、私は「若し、近兵さんが、中央球界にいたならば、必ず大監督になったであろう」と残念がった事があるが、確かに優れた野球家には違いない。

私は近兵さんが素晴しい野球家であると言う事よりも、長年毎夏台湾からコーチに帰って来た熱意と忍耐強さに対し、限りなき魅力を感ずると同時に、深い敬意を表わしている。大抵の人が近兵さんを怖がり、どちらかと言えば敬遠したがる。それは余りにうるさく注意をしたり、痛い所を遠慮なく指摘して忠告するからである。一度野球場を離れ、私生活にはいると、仲々開けた気のおけない話をする。時々合宿所内で、選手達が緊張して、雰囲気になんとなく潤いがなくなると、わしのロマンスを聞かせてやるなどと言って、恋物語を始めたりする。最も吾々が興味を持って聞いたのほ、近兵さんの軍隊生活談である。よく軍律厳しい中で、あれだけ無茶苦茶が出来たものであると感心する程に、勝手な振舞いをしている。話半分に聞いても営倉に少なくとも五、六回は入った勘定になるが、よく無事で除隊出来たものであると感心させられる。

私が主将時代、近兵さんが帰るとか帰らないとか、一寸したいざこざがあった。それは真意の程は解らないが、何でも服部校長が、近兵さんの野球を台湾野球とか、何んとか言って侮辱したと言う事で、近兵さんがつむじを曲げてしまったと言う事であった。そこで八束猶重さんが、一日主将の私とマネージャーの川崎をお宅へ呼び、「近兵さんが帰って来た方がよいか、それとも帰らない方がよいか」と尋ねられた事があった。

私は「野球を教える教えないは別として、今まで何年も特に私は、既に三年もお世話になっているので、いざ帰らないとなると、何となく淋しく、また不安を感ずるから、帰って来てもらった方がよい」と返事をしたので、その年も帰って来られた。

私が近兵さんの帰松を望んだもう一つの理由は、縁起を担ぐ意味合いもあった。何故なら、松商は既に過去五年間連続優勝しているが、その都度近兵さんが台湾から帰っているからである。考えてみれば本当に煩いおっさんである。しかし、よく見究めながら付合って行く間に誠意があり、情熱があって、俗に言う、身もあり、こくのある好人物である事が解って来る。技倆プラス精神イコール実力、と各選手に墨で書いて壁にはらせて、毎日それを読むよう命ぜられたが、何十年も経った今日でも、はっきりそれを憶えている。技術もさることながら、精神面での教育は私には多大のプラスになっている。

大正14年四国予選出場前の近藤監督

台湾に帰ってきた兵太郎は、大きなお腹を抱えたカナヱに迎えられた。帰台して二カ月後の十一月一日には、待望の長男が嘉義北門外二五七番地で生まれた。高昌と名付けて兵太郎が届けた。

大正十四年（一九二五）は家族が一人増え、英子、和子、高昌の三人の子どもに囲まれ、家族五人の生活が静かに流れていた。兵太郎は相変わらず嘉義商工補習学校で簿記の授業を行い、夏休みになると松山に帰り、松商野球部の監督として全国中等学校優勝野球大会四国予選で采配を振るい、全国大会制覇を目指す生活を続けていた。全国大会には連続で六回も出場し、初戦敗退はなかったがベスト4が最高で、決勝戦まで駒を進めたことは一度もなかった。

「やはり夏だけ帰ってきて指導したのでは、限界があるのではないか？」そんな思いが頭に浮かぶようになっていた。連続で六回も全国中等学校優勝野球大会に出場し、世間からは「夏将軍」と評され、松商野球部の第一期黄金時代を築いてきたのも事実であったが、兵太郎は何か物足りなさを感じていた。

春が訪れ、第二回全国選抜中等学校野球大会を迎えた。選抜された十二校が、三月三十一日から五日間の日程で甲子園球場において覇を競うのである。松山商業も選抜され、十二校の中に混じっていた。四国からは明治時代からのライバルである高松商業も選抜されていた。

松山商業の初戦は広島の広陵中であったが、これを四対三で破り、二回戦では関東の雄、横浜商業と対戦し、十三対五の大差で勝った。準決勝戦は夏の大会で優勝した甲陽中であったが、七対三で打ち負かした。

松商野球部はついに決勝進出を果たしたのである。対する相手は、愛知一中に三対一で勝った高松商業であった。往年のライバルであり、四国大会予選で幾度となく戦ってきた強豪校であった。試合は両校無得点で迎えた五回表に、森本投手が二つの四球を出し、その後中村捕手が後逸する間に二点を入れられ、試合が終わったかに見えた。しかし、七回裏に一死後、玉井、村岡がヒットを放ち、続く香川が四球を選んで満塁とし、最大の山場を迎えた。高松商業は前進守備を取り、バッターボックスには中川武行が入った。カウント一対二で迎えた四球目、中川のバットが快音を放った。中堅手の頭上を越えた球は三塁打となり、その間に走者は一掃されて三点をもぎ取った。結局このまま逃げ切り、三対二で優勝旗を手にした。兵太郎にとって選抜大会とはいえ、念願の全国制覇を成し遂げたのである。

後は夏の甲子園大会で優勝し、春夏連覇を成し遂げるだけである。いやが上にも、力が入ってきた。大正十四年（一九二五）第十一回全国中等学校優勝野球大会の予選が、各地区ごとに始まっていた。前評判では、松商野球部が第一優勝候補に挙げられていた。各新聞は「松山商業、春夏連覇なるか」と騒ぎ立てた。

四国予選は、例年通り八月一日に松山高等学校グラウンドで始まった。選手は選抜の時と同じであるが、選抜大会三回戦で指を傷めて交代していた空谷捕手が復帰したので、むしろ陣容は良くなっていた。一回戦は不戦勝で、二回戦では坂出商と対戦して九対二で快勝し、三回戦は城東中を十四対三で下して準決勝を迎えた。相手は春の選抜大会で戦い勝った高松商業であった。負けることのできない対戦相手であった。

松山商業は早くも一回に四球とヒットで出塁し、中村が本塁打を放って三点を先取した。しかし、高松商業は五回に四球、ヒット、犠牲バントで出塁し、次の打者が放ったゴロを一塁に悪送球して三点を奪われ、振り出しに戻った。さらに六回にも四球と連続ヒットで一死満塁とされ、高松商業の三木にヒットを打たれ、勝ち越し点を取られた。その後も高松商業の攻撃の手は緩まず、八対三という大差で負けてしまった。

春の選抜大会優勝校が予選で敗退したことに大きな衝撃を受けたのは、兵太郎だけではなかった。学校も後援会も松商野球部を応援するみんなが落ち込んだ。新聞は優勝候補と持ち上げていただけに、負けたときの記事内容は酷評に一変した。監督の采配を敗因としたのである。

「敗軍の将、兵を語らず」兵太郎は批判をすべて受け入れた。台湾に住みながら監督を続けることに限界を感じていた兵太郎は、責任を取って監督を辞した。

大正五年に監督を引き受けてから、十年の歳月が経っていた。しかも、そのうちの六年間は台湾に住みながらの監督であった。

悔いはなかった。松山に住んでいる教え子の中から監督を選び、指導を任せるときが来たと思っていた。毎年毎年、長期休暇を取って松山に帰ることを快く思わない声も、耳に入っていた。ちょうど良い潮時だった。兵太郎は松山商業野球部から手を引いて、台湾に引き揚げた。

監督が不在となった松商野球部の監督は、部長の鞍懸先生が兼任することになった。この時から、松商野球部の不遇時代が昭和四年まで続くことになる。

第五章　原住民族野球チーム「能高団」

盛装したアミ族の家族

台湾に野球を持ち込んだのは、百二十年前の日本人である。明治二十八年（一八九五）の日本の台湾統治に遡る。

その日本に野球が持ち込まれたのは、それから遡ること二十四年前の明治四年といわれている。子規が随筆のなかで、「ベースボールいまだかつて訳語あらず」と書いていることからもわかるように、最初、野球という言葉は使われておらず、「ベースボール」を初めて「野球」と訳したのは、第一高等中学校（後の第一高等学校）の野球部員であった中馬庚だった。

明治二十七年（一八九四）彼らが卒業するにあたって部史を刊行することになり、中馬の書いた文章中に「野球」が登場した。逸話として、同僚で名投手の青井鉞男が「千本素振り」をやっているところに中馬がベースボールの翻訳を「Ball in the field—野球」とすることを言いにきたといわれている。

"Baseball"という言葉の起源については諸説あるが、現在わかっている最も古い文書はアメリカ合衆国においてである。一七九一年にマサチューセッツ州ピッツフィールドで記された、町のグラウンドの利用に関する内規である。これは町の集会所の窓にボールが当たって壊れないよう、集会所の建物から八十ヤード（約七三メートル）以上離れた場所でしか球技を行うことを認めないという内容で、さまざまな球技のうちの一つとして"Baseball"や"Batball"といった記述が見られる。

一八四〇年代にニューヨークのマンハッタンでボランティア消防団を創設したアレクサンダー・カートライトという男が、団員の結束を強め、さらに彼らの運動不足を解消するにはどうすればいいかと考え、「屋外でのスポーツ」という結論に至った。一八四二年、彼は消防団からメンバーを募り、「ニューヨーク・ニッカーボッカーズ」というスポーツ団を発足させた。ニッカーボッカーズは近隣のマレー・ヒルという地域でタウンボールをするようになった。

タウンボールはルールが厳格に定められたスポーツではないため、時や場合によってルールをいちいち変える必要があった。カートライトはこの煩わしさを解消するため統一ルールの策定に乗り出し、一八四五年に新しいゲームのやり方を提案した。チームの人数を攻撃側と守備側それぞれ九人ずつにし、一方のチームが攻撃中には相手は全員がフィールドに散らばり守備につく。フィールドを菱形に設定し、ホームベースに鉄のプレート、その他三つのベースに砂を入れたカンバス地の袋を置く。本塁から二塁までが四十二ペイス（一ペイス＝三フィート）、一塁から三塁までも四十二ペイス。打者が三球を空振りし、その最後の球を捕手が捕球したとき、打球がノーバウンドまたはワンバウンドで捕球されたとき、打球が相手側に捕球され、走者よりも先に塁に送られるか、走者が塁に着くより先にボールでタッチされたとき、捕球しようとする相手の邪魔したとき……以上の場合に攻撃側はアウトとなる。三アウトで攻守が交代。一塁または三塁の外側に出た打球はファウルとなり、打者が塁に進むことや、それによって得点は入らない。二十一点を先取したチームが勝ち。

これがカーライトが披露したルールだった。最初これを聞いた団員たちは嘲笑したが、カートライトの熱心さに押されて、このゲームをやってみることにした。すると結構面白いことがわかり、団員らはすぐにクラブを設立することにしたという。これが今のベースボールの原型といわれている。

一八四六年六月十九日には、マンハッタンの対岸に位置するニュージャージー州ホーボーケンにおいて最初のベースボールの試合が開催された。カートライト率いるニッカーボッカーズは、ニューヨーク・ナイン相手に一対二十三で負けてしまった。この六月十九日は、現在の野球の基本となるルールで初めて試合が行われた日であることから、ベースボール記念日、もしくはベースボールの日と呼ばれることになる。その後、ルール改正は次々と行われ、今日の野球ルールが出来上がったのである。

一八六一年から一八六五年の南北戦争は、北部で盛んだったベースボールを南部出身者に広める役割を果たした。こうしてベースボールは全米で人気を獲得していくことになる。

このベースボールが日本に持ち込まれたのは、明治四年（一八七一）に来日した米国人ホーレス・ウィルソンが当時の東京開成学校予科（後の第一高等学校）で教えたことに始まるといわれている。明治初期のベースボールは折からの富国強兵を国是とする国家的要請に対応すべく、日本の伝統的な武道精神と合体して精神修養が求められる野球となっていき、その後「打球おにごっこ」という名で、全国的に広まっていった。したがって、日本国内の野球の歴史は、そのまま旧制高等学校野球部の歴史と重なっているといっても過言ではない。そのためか、ホーレス・ウィルソンは平成十五年（二〇〇三）、その功績から日本野球殿堂入りしている。

明治十一年（一八七八）平岡ひろしが日本初の本格的野球チーム「新橋アスレチック倶楽部」を設立し、一八八二年駒場農学校と日本初の対抗戦を行っている。なお記録上、日本で初めて国際試合を行ったのは青井鉞男が投手時代の旧制一高ベースボール部で、明治二十九年（一八九六）五月二十三日、横浜外人居留地運動場で横浜外人クラブと対戦し、二十九対四で大勝した記録がある。同年六月五日、雪辱戦として横浜外人クラブから試合を申し込まれ、横浜外人居留地運動場で当時の米国東洋艦隊から選りすぐったオール米国人チームと対戦し、三十二対九で連勝している。

急速な人気の高まりから、野球に対して賛否両論が起こっている。明治四十四年（一九一一）に東京朝日新聞が「野球と其害毒」と題した記事を連載し、野球に批判的な著名人の談話などを紹介したが、これに対して読売新聞などが野球擁護の論陣を張り、次第に野球に対するネガティブ・キャンペーンは沈静化していった。

大学野球の盛り上がりは旧制中学にも広がり、大正三年（一九一四）八月十八日に大阪の豊中球場で第一回全国中等学校優勝野球大会が開催され、京都二中が優勝している。第三回大会からは兵庫の鳴尾球場で開かれたが、観客増により手狭になったため、大正十三年（一九二四）からは阪神電車甲子園大運動場で行われることになった。また夏の大会の盛況を受け、同年春からは名古屋市の山本球場で第一回全国選抜中等学校野球選手権大会が開催され、翌年からは甲子園球場で行われた。

さらに、企業チームによる都市対抗野球大会は、昭和二年（一九二七）に明治神宮野球場で開かれている。また、大正九年（一九二〇）、早稲田大学野球部ＯＢらによって日本初のプロ野球チーム日本運動協会（芝浦協会）が創設され、翌年には天勝野球団が創設されたが、両球団とも後に解散した。昭和九年（一九三四）、読売新聞社の正力松太郎によって大日本東京野球倶楽部が創設され、その二年後には日本初のプロ野球リーグ日本職業野球連盟が設立された。このように、一四四年前に日本に持ち込まれたベースボールは、野球と名前を変えて国民的スポーツとして愛されるようになったのである。

台湾への野球の伝播は、明治二十八年（一八九五）の日本の台湾統治に源を発し、日本で精神野球の薫陶を受けた人たちが、そうした日本精神を台湾に根付かせるためにやってきた。しかし当時の台湾は、日本が実施しようとした近代スポーツとは何かという知識を持たなかった。領台後の数年間は衛生状態も良くなく、治安も悪かったために野球を楽しむ状況ではなく、台湾総督府の官吏や日本銀行の駐在員たちが休憩時間に時々やっていた程度だった。

領台十一年後の明治三十九年（一九〇六）三月、台湾で初めての正式な野球チーム「台湾総督府中学校棒球隊」が誕生した。これは、台湾総督府国語学校中学部、後の台北一中（現在の台北建国中学）の田中敬一校長の主導によって結成されたものである。その後、台湾総督府国語師範部に、さらに夜学校台北中学会にもチームができ、この三校が台湾野球の出発点となり、やがて台北地区の旧制中学を中心に野球部創設が広がって、台湾野球の発祥地となった。

明治四十三年（一九一〇）になると野球チーム間による大会が開催されるようになり、台湾で最初の野球大会が行われた。台北中学校と高砂娯楽部の試合がそれである。

その後、大正四年（一九一五）一月、北部野球協会が発足し、その影響を受けて同年九月南部野球協会が、翌大正五年、台中体育会が組織され、台湾の北部中部南部の各地を統轄する団体が揃い、台湾の野球はより一層活発に活動できるようになった。また大正九年（一九二〇）には台湾体育協会が組織され、これによって台湾と日本のスポーツ交流が組織制度上可能となった。

当然ながら、当時日本が統治していた満州や朝鮮、樺太においても同じような道をたどって野球が普及していくことになる。

ここで後の台湾野球に華を添えることになる原住民族と野球の関係について知っておく必要がある。日本が台湾を領有したとき日本政府を悩ませる問題が、四つあった。一つは風土病、二つ目は悪習、三つ目は土匪、最後が誇り高き原住民族の存在であった。

明治二十九年（一八九六）以来、東京帝国大学は台湾原住民研究のために人類学者である鳥居龍蔵を台湾に派遣し、第一回の台湾調査を皮切りにその後も台湾原住民族の調査や研究などを行って、貴重な写真や報告書を残している。鳥居は明治四十三年の報告書の中で「文明にまったく背を向けた、未開で残忍な多数の原住民族が住みついている」と述べている。したがって、台湾総督府は狩猟民族である原住民族から武器を取り上げ、あの手この手を使って農耕民族にするため「理蕃事業」を推し進めようとした。

台湾における原住民族はオーストロネシア語系民族であったが、鄭氏時代に大陸から漢族が移住したことで大きく二つに分かれる。ひとつは主として西部と北部の平地に居住した原住民族で、渡来した漢族に同化していき、清朝によって「熟番」と呼ばれ、後に「平埔族」と呼ばれるようになった。

それに対し、山岳地帯に居住して漢族への同化を拒み、独自の文化を持ち続けようとした原住民族は「生番」と呼ばれた。

日本の台湾統治が始まると、総督府は用字を「番」から「蕃」と改め、「生蕃」、「熟蕃」とし、生蕃を九部族に、熟蕃を八部族に分けた。生蕃の九部族とは「タイヤル」「ブヌン」「ツオウ」「サイシャット」「パイワン」「プユーマ」「アミ」「ルカイ」「ヤミ」であるが、部族ごとに言葉が異なり、文字を持っていなかった。その上、部族間のつながりはなく、部族間同士で「首狩り」を行う風習まであり、総督府の命令に聞く耳を持たない状況が続いていた。

大正十二年、摂政宮皇太子（昭和天皇）が台湾に行啓し、台湾原住民族を引見する際、「蕃族」「蕃人」などの言葉使いが相応しくないので「高砂族」と呼称してはどうかと意見し、初めて「高砂族」という言葉が登場した。しかし、その後も「蕃族」「蕃人」が使用され、正式に「高砂族」の呼称が公文書上に登場するのは昭和十年（一九三五）の「始政四十周年」の時からである。

昭和四年（一九二四）の「蕃社戸口」調査によると、タイヤル族三三、六七七人、サイシャット族一、二八〇人、ブヌン族一八、〇七二人、ツオウ族二、一〇三人、ルカイ族五、〇三〇人、パイワン族三〇、七四八人、プユーマ族五、二三六人、アミ族四、二〇二八人、ヤミ族一、六一九人となっていて、合計すると一三九、七九三人が記録されている。

原住民族、特にアミ族と野球を語るとき、一人の日本人行政官江口良三郎を避けて通ることはできない。

明治二年十一月二十四日（一八六九）佐賀県佐賀郡鍋島村に生まれた江口は、明治二十八年に台湾が日本領になると、二十五歳で台湾に渡り、陸軍に入隊した。除隊後は警察界に身を転じ、明治三十七年には宜蘭《ぎらん》庁警務課長になった。その六年後には韓国併合が行われるが、江口は同じ年に台北に帰り総督府の蕃務本署に転勤になっている。蕃務本書は、原住民族の指導管理を行う部署であり、これが江口良三郎が原住民族と関わりを持つようになった最初である。その後、大正九年（一九二〇）九月には「台湾州制」（律令第三号）により、州が設置された。州・庁は、内地の「府県」に相当し、州の長は知事、庁の長は庁長と呼ばれた。この州制により、行政区の廃庁置州が行われ、これまでの十二庁から五州二庁に変更された。すなわち、台北州、新竹州、台中州、台南州、高雄州、台東庁、花蓮港《かれんこう》庁がそれである。

江口良三郎はこの時第五代花蓮港庁の庁長に抜擢された。

花蓮港庁庁舎

良三郎の能力が高く評価され「蕃地」の行政に精通している者として登用されたのである。任期は、六年間であった。

清朝によって「化外の地」と呼ばれ「化外の民」と見下されていた原住民族が多く住む台湾東部は、峻険な山々がつながる平地の少ない花蓮と台東の地区に分かれていた。台湾西部に比べて開発が遅れ、娯楽施設もほとんどない貧しい地域であった。大正六年には野球が台湾の東部にも伝わってくるが、盛んとはいえない状態であった。そのようなときに江口は庁長として花蓮に赴任してきたのである。

花蓮港庁長江口良三郎

大正十一年に花蓮港体育協会が組織されると、江口良三郎が花蓮体育協会会長に就任し、副会長に梅野清太を選任した。梅野は花蓮港街長を兼任していた。今でいう花蓮の町長といったところであろう。

江口と梅野は共に野球に関心を持っていたので、当然ながら野球を盛んに奨励した。その結果「鉄団」をはじめ「庁団」「塩糖団」「商工団」などのチームが作られた。当時、花蓮港庁には「花崗岩グラウンド」しかなく、このグラウンドに集まっては試合を行ううちに野球が盛んになっていく。その後、江口会長は理蕃政策の一環として、アミ族への野球の普及を行った結果、次第に浸透していき、理蕃だけではなく、花蓮港の体育や野球の普及にも成果を上げることになる。

野球が早くから取り入れられてきた西部地域においては勝負にこだわり、見物者からは入場料を取ることが当たり前に行われていた。一方、花蓮港庁の野球は一つの娯楽として発展してきたため、選手も見物人も一緒になって野球そのものを楽しんでいた。花崗岩グラウンドでは入場料もなく、野球をする者と見る者の間は友好であり、江口庁長は三民族が共有する空間を作り上げることに成功していた。

花蓮街長の梅野清太

もう一人、漢民族の林桂興なる人物のことも知っておきたい。林桂興は明治三十二年生まれで、花蓮商工在学中に野球をしていた。卒業後は会社に勤めるが、野球に対する知識と技術は身に付けていた。やがてこの人物が台湾野球史上初めての「原住民野球チーム」を結成し、自ら監督となってこのチームの指導もすることになる。

いきさつはこうである。会社への通勤途中にアミ族の少年が小石を投げたり、木棒で小石を打ったりしている姿を時々見ていた。その様が野球に適していると見抜いていた。中でもサウマという少年の能力は高く、その能力の高さに驚かされることがたびたびあった。

アミ族は台湾東部の海岸山脈の周辺に住んでいて南北に細長く分布し、大正十年頃には人口四万二千人あまりと、九族の中で最も人口が多い部族であった。アミ族は主に焼畑農業で生計を立て、狩猟や漁労などを副業としていた。海や川から魚や貝類を捕獲してくると、海岸や川辺の空き地に並べたり、吊したりして、干物《ひもの》にするのが普通であった。この並べられたり吊された捕獲物は、鳥にとって最高のターゲットであった。アミ族の少年たちは鳥に獲物を取られないように、小石で鳥を撃退することが日課となった。したがって、極めて自然に野球に適する制球力や強い肩が身に付いていたのである。林桂興はその能力を野球に生かそうと考え、それを実行した。

花蓮港庁には大正十年（一九二一）四月に、アミ族教育のための四年制の「花蓮港街立簡易農業学校」が設立された。狩猟中心の生活から農耕中心の生活に変更させるための教育施設である。校長に坂本茂が就任し、翌年の四月には「公立花蓮農業補習学校」に校名が変更された。

花蓮港農業補習学校

アミ族の少年による「原住民野球チーム」は、花蓮野球大会で活躍し、良い成績を上げていた。良三郎は活躍する「原住民野球チーム」に興味を持ち、いかにして、野球で原住民を文明教化できるかを考え始めた。そこで副会長の梅野清太と協議した結果「原住民野球チーム」を花蓮港農業補習学校に全員入学させ、「能高団」野球チームを創設したのである。大正十二年九月のことである。「能高団」という名称は、良三郎が命名した。この名前は市街の近くにそびえる標高三二六二メートルの能高山からとったものである。

アミ族の少年らは花蓮港農業補習学校に入学後、授業を受けるかたわら野球練習にも励んでいった。これらの野球選手は特待生として入学したわけではなかったため、登校する前に一時間ほど放課後にもまた働き、月にわずか三円から六円しか得られない「正真正銘の苦学生」であった。

良三郎はもともと「庁団」の主将であった門馬経祐の手腕を見込んで、彼を「能高団」監督に就任させた。門馬監督は期待に応えるべく週に三日指導し、花崗岩グラウンドで猛練習を行った。

良三郎は「能高団」を結成する際に次のように述べている。

「蕃人は幼少の頃から小鳥を獲る為に小石を投ずるの風習に慣らされている。だから野球技に於てその投球の正確なるは殆《ほとん》ど先天的といっても過言ではない。加ふるに走塁にかけては全く隼《はやぶさ》の如く、その敏捷《びんしょう》なる動作においてまた体力の強健な点に於て、またバッテングの利《き》く点に於て、これを適當《てきとう》に訓練誘導するならば、凡《およ》そ野球技に必要とすべき要素を彼等は先天的に十分に具備している」

もともと良三郎は原住民族に対する差別や偏見といった感情を、持ち合わせていなかった。したがって、素直に彼らの能力の高いことを認め評価した。そのことが選手のやる気に火を付けることになった。

花蓮体協の成立後、会長の良三郎は毎年春秋二回の野球争覇戦を行うなど、積極的に野球を奨励した。その結果内地人と漢民族が積極的に試合に参加するようになり、原住民も野球観戦を進んでするようになった。野球場が日本人、漢民族、原住民族の共通空間としての役割を果たし始めたのである。

大正十一年（一九二二）二月、台湾体育協会の招聘で大毎野球団が初めて台湾に遠征した。さらに二年後、河野監督率いる大毎野球団一行が、四月に再び来台した。台北、花蓮港、高雄、台南、台中などの各地を転戦することになっていて、三十日には花蓮港軍との対戦が行われた。

大毎野球団は「能高団」との対戦を予定していなかったが、能高団からの「滞在中、ぜひ一度指導的に試合をしてほしい」との申し込みを快諾し、五月一日、花崗岩グラウンドで親善試合を行うことにした。この試合の前、大毎野球団一行は花蓮体協の中村野球部長に案内され、蕃人部落タクラン社を見学した。

大正十三年九月二十八日付の「台湾日日新報」は、その時の様子を次のように報じた。

「一行は原始的風物と蕃人踊とに興趣を惹いた。殊に蕃人は一行を木蔭に導き蕃人料理を饗応し、頭目カンラは一行に遠来の労をねぎらう挨拶をしたのに対し、河野団長がこれに応えるなど感激に値する光景であった」

その後大毎は、原住民との記念写真を撮ってから花蓮港に引き返し、午後二時から「能高団」との試合を行った。

花蓮港総出という大盛況の試合には、原住民部落から盛装した男女百数十人が応援に駆けつけた。試合途中に大毎選手らは「能高団」を指導しながら対戦し、結果は大毎が二十二対四で圧勝したが、試合中の大毎に対する原住民の歓声は遠来の大毎軍を感激させた。

試合後、「能高団」選手は各自のポジションにつき、大毎選手から指導を受けた。指導通りにやればそれらをこなすことができることを知り、大毎選手は原住民の学習能力と運動能力の高さに驚いている。

この当時の原住民といえば、半裸体に素足で凶暴なイメージが連想されるが、この親善試合後、大毎主将の日下は「事実は規定のユニホームにスパイクの靴、一見内地プレーヤーと何らの差がなく、皆蕃人公学校や農業補習学校の在校生および卒業生で正規の教育を受け、日本語を流暢に話すことができる」と述べ、原住民への未開なイメージを払拭している。

まさに江口のいう「彼等の教化程度を知らしめるには、野球の如きものこそ一番手近な早道」であることを裏付けることになった。

大毎野球団がもたらした野球による原住民の文明教化は、花蓮港という限定的な地域のことであり、これをいかに多くの地域に広めることができるかということが課題であった。江口は「規律ある運動、整然として勇気ある動作、それを立派に蕃人がやりこなすということを、天下に周知せしめたい」と考え、実行に移した。

大正十三年九月十二日に修学旅行を兼ねた「能高団」が、オール花蓮港団とともに西部遠征することで実現した。

「能高団」は主に花蓮港農業補習学校の生徒によって編成されており、大部分がアミ族であった。選手以外の生徒約六十名も応援団として同行した。「能高団」西部遠征メンバーの編成は、団長江口良三郎、監督坂本茂、門馬経祐、主将コモド、選手オシン、サウマ、サンテヤオ、アラビツ、アミル、ロウサワイ、キサ、ロオドホ、アセン、マヤオ、サラウ、カーサウである。

大正十三年九月十九日、「能高団」と「オール花蓮港団」は長春丸に乗船した。岸壁には官民多数が並び、原住民保護者らとともに彼らを見送った。船は二十日に基隆港に着岸した。「能高団」選手らは霜降の学生服にカーキ色の巻ゲートル、地下足袋といった服装で基隆駅から汽車に乗り込み、雑嚢を肩にして校旗を掲げ、午後台北駅に着いた。

こうした格好に対し、新聞は「蕃人とは誰しも思えないくらいである」「文明人に劣らぬ筋骨逞しい少年団」と報道した。台湾体育協会の音羽理事から「能高団」と「オール花蓮港団」へ歓迎の挨拶があり、その後、「能高団」は松浪館へ、「オール花蓮港団」は萬屋旅館に入り、宿泊した。

「能高団」の西部遠征では台北、台中、台南、高雄、屏東、新竹《しんちく》、基隆などの各地で日本人チームと対戦することになっていた。まず二十一日に、台湾体育協会野球部主催のもと台北の強豪チーム、台北商業と対戦した。この年、全国中等学校野球優勝大会全島予選大会が初めて台湾で実施されていた。台北商業がこの大会で優勝し、台湾代表として出場し、帰ってきたばかりだった。

試合会場は円山グラウンドである。強豪校対原住民野球団の対戦は、「珍客能高団を迎えて」と新聞報道され、野球ファン約七千人で球場はふくれあがった。

初回の表に「能高団」の主将コモドが中右間のフェンスを越えるホームランで二点をリードするが、結局「能高団」は九対五で台北商業に敗れた。にもかかわらず、場内では大きな声援を受けた。

翌二十二日の総督府団との対戦（観客約三千人）は十四対七で再敗し、二十三日、台北の一流選手を集めた大正プロ団との対戦（観客約五千人）でも八対二で敗れた。その後次第に南下して、屏東からは逆に引き返しながら対戦していった。西部遠征の成績は左のようになった。

九月　二十一日	能高団	（敗）	五対九	台北商業（於台北）
二十二日	能高団	（敗）	七対十四	総督府（於台北）
二十三日	能高団	（敗）	二対八	大正プロ（於台北）
二十四日	能高団	（勝）	十対三	全台中（於台中）
二十五日	能高団	（敗）	一対十六	全塩糖（於台南）
二十六日	能高団	（敗）	五対六	中學団（於台南）
二十七日	能高団	（勝）	四対三	高雄混合団（於高雄）
二十八日	能高団	（勝）	二対〇	屏東団（於屏東）

三十日　能高団（勝）七対一　新竹団（於新竹）
十月　二日　能高団（勝）六対三　全基隆（於基隆）

江口団長は「勝敗は眼中になし」としていたが、遠征は五勝五敗と思ったより成績が良かった。結成一年にもかかわらず、このような試合内容を展開できたことは高く評価された。さらに「能高団」は、対戦するたびに成績があがってきたことが注目を集めた。

「能高団」が台湾西部遠征を行った大正十二年には、嘉義農林学校はすでに創設されていたが、野球部はなかった。嘉義農林学校に野球部ができるのは、昭和三年（一九二八）近藤兵太郎四十歳の時である。兵太郎はこの頃、嘉義商工補習学校の助教諭として勤務していた。

台湾総督府は台湾の理蕃事業の成果を、いかにして日本内地に宣伝するかという課題を持っていたが、蕃人といえ首狩りを連想する日本内地に対し、理蕃育英事業の成果を広く宣伝する機会がなかった。こうした状況の中、江口良三郎によって編成された「能高団」に対し、総督府から「能高団」の内地観光が許可される運びとなった。総督府でも「大いに今から期待されている」と「能高団」の内地観光による台湾の理蕃事業の成果アピールが期待された。

大正十四年（一九二五）七月三日、「能高団」の内地観光が正式に決定した。内地遠征の十五名のメンバーが決められた。コモド主将（二十一歳）、オシン（二十二歳）、サンテヤオ（二十二歳）、アシン（十七歳）、アセンハリヤン（十七歳）、アラビツ（十八歳）、キサ（十八歳）、ロオサワイ（十八歳）、ロオドホ（十七歳）、タツイ（十七歳）、トイル（十七歳）、サラウ（十八歳）、ブノ（十八歳）、サラウ（二十歳）、カサウ（二十一歳）の面々である。

「能高団」一行は遠征に先立って、総督府の桂警部と坂本警務局長を訪ね、挨拶をした。局長は「気候風土の異なる内地に行ってはことに身体を大切にし、所期の目的を達するよう努め、またこの機会に十分な観察見学をなし、帰台後蕃社の開発に努めるように」と訓示した。その後、基隆港で理蕃関係者多数の見送りを受け、選手らは鼠色の制服に白線二条の制帽姿で笠戸丸に乗船し旅立った。

当時の船旅は基隆を出港して途中門司に寄港し神戸までの船旅が普通であった。日数は三泊四日を要した。笠戸丸は七月七日に神戸港に到着した。「能高団」は到着後、三週間近く内地観光や遠征をすることになっていたが、到着翌日には倭姫《やまとひめ》神社を見学し、如雪園で昼食をとった。主将コモドは同地の二百名の小学校五、六年生と新聞記者に対し、「蕃人」という演題で講演を行った。

七月九日、「能高団」は東京に到着した。「能高団」一行は外見からは内地人学生と変わらない制服に身を包んでいたので、内地人に囲まれることもなく、悠々と東京駅から出ていった。

十一日には早稲田中学と初戦を行った。試合は立教大学の運動場で開催されたが、この試合はもともと予定に入っていなかったので観戦者も少なく、二百名程度の観客が集まっただけだった。試合の結果は六対六で引き分けになったものの、試合中に観客から「蕃人側に声援するのもおもしろい」として「台湾負けるな」と「能高団」に熱狂的な歓声が送られた。

早稲田中学校はこの年、第十一回の夏の甲子園で準優勝を果たしていたから、引き分けとなった「能高団」の実力は早稲田中学校に比肩するものであった。試合終了後、立教大学で茶話会が催され、主将コモドは「自分ノ野球団」という演題で講演を行った。その後、「能高団」は横浜、名古屋、京都、大阪、神戸、広島などの各地を観光をしながら試合を行っている。日本内地遠征の成績は次の通りであった。

七月　十一日	能高団（引分）	六対六	早稲田中学（於東京）
十四日	能高団（勝）	五対四	神奈川一中（於横浜）
十六日	能高団（敗）	二対四	愛知一中（於名古屋）
十八日	能高団（勝）	十三対三	京都府立師範（於京都）
二十日	能高団（敗）	三対十三	八尾中学（大阪）
二十一日	能高団（勝）	七対二	天王子（大阪）
二十三日	能高団（敗）	三対二十五	神港商業（神戸）
二十五日	能高団（敗）	二対三	広陵中学（広島）

三勝四敗一引き分けというのが、日本内地での戦績であった。「能高団」は各地の試合に際して、そのつど宴会に招かれた。

訪問地の新聞はそれぞれに「能高団」一行について報道している。

「余興として原住民部落の活動写真やハーモニカの実演などを披露した」

「宿泊先では他人に迷惑を掛けないよう静粛にし、その規律正しさは賞賛に値する」

「選手は積極的に講演に登壇し、その堂々たる講演ぶりは主催者を驚かせるほどであった」以上は新聞報道にみる「能高団」の評価である。このようにして内地観光の最終日を迎えた七月二十七日「能高団」は八幡製鉄所を見学し、午後門司から笠戸丸で台湾に帰った。「能高団」の内地観光の目的は、内地人に対する原住民理解の改善にあった。試合の結果は一引き分け、三勝四敗に終わったが、野球試合はこの目的の一つにすぎなかった。

江口は今回の内地観光の成果について述べている。

「野球技に於てのみならず、講演に音楽に、内地の人々をしこれでも真の蕃人かと疑はしめる程、最も有効に蕃人自身を以て、台湾蕃族を宣伝し、併せて野球技を思ふ存分に練磨して来た。アミ族蕃人、否、台湾全蕃族の為め気を吐き、その宣伝に、その征戦に一大成功を収めたるアミ族能高団は天下に名を馳せた。選手らは至る所において徹頭徹尾謙遜であった。そして常に勇敢であった。彼らは西部遠征においても、内地遠征においても、すべてにおいて完全に成功した」

江口はこれまでの努力が実を結んだと、喜びを隠さなかった。

八月二十五日の台湾日日新報は、今回の「能高団」の内地観光について「能高団の宣伝でない。花蓮港の宣伝でない。台湾十三万蕃族のための宣伝である。台湾の宣伝である。今やその目的は見事に成功した」と報じた。また、台湾総督府警務局編纂の『理蕃誌稿』では「観光ニ因ル生徒等ノ啓発ハ勿論ナルモ国語ノ講演ト野球試合ニ依リテ内地人ニ台湾蕃族ヲ理解セシメタルモノ頗ル大ナリシヲ思ハレタリ」と記述し、報告書としている。

江口良三郎によるアミ族野球チーム「能高団」の活躍は、その後の台湾野球に大きな影響を及ぼすことになる。

「能高団」の生みの親であり、育ての親でもあった江口良三郎は、帰国した翌年、大正十五年に急逝した。その上、四人もの主力選手が京都の平安中学にスカウトされてしまった。日本内地遠征で見せた「能高団」選手の能力が、日本人に勝るとも劣らないことを多くの野球関係者が認識していたのである。そのためチーム力を高めたい中等学校野球部は、アミ族の選手をスカウトすることにした。特に平安中学は、熱心にスカウトを行い、四人もの主力選手獲得に成功した。江口団長を失い、主力選手を欠いた「能高団」はチームを維持できなくなり、昭和二年（一九二七）に解散。結成からわずか四年での解散であった。

それから三年後の昭和五年に、平安中学の野球部が台湾遠征にやってきた。このチームには、スカウトされたアミ族の選手が三人もいた。

その頃、嘉義農林野球部を指導していた近藤兵太郎は、嘉義公園グラウンドで行われた平安中との交流試合で、日本人に混じって活躍するアミ族の選手を見てつぶやいた。

「見ろ、野球こそ万民のスポーツだ。我々には大きな可能性がある」と。江口良三郎が育てた「能高団」の精神は、やがて嘉義農林野球部の中で花開くことになるのである。

第六章　嘉義農林学校野球部

嘉義農林学校の正門

嘉義農林学校が開校したのは、大正八年（一九一九）四月である。台湾公立嘉義農林学校というのが正式な名称である。三年制で全寮制をとり、嘉義市嘉義街山子頂三十四番地に開かれた。

兵太郎一家が台湾に移住し、嘉義に居を定める五カ月前のことである。野球部はまだない。野球部ができるのは、学校創立から九年後のことである。

日本の台湾統治が始まってすでに二十四年も経過していた。領台当時から比べると衛生状態も良くなり、何よりも治安が良くなってきた。日本内地からの投資も増えて、台湾における社会基盤、いわゆるインフラ整備が盛んに行われた。

台北に台湾総督府が竣工し、日月潭《にちげつたん》水力発電所の工事が着工されたのもこの年である。当然ながら、縦貫鉄道や縦貫道路も整備され、台湾の北の玄関口である基隆港も拡張され、南の拠点である高雄港も整備されつつあった。

その結果、日本内地からの移住者も増え、台湾人や原住民族も経済的に良くなってきた。当然、経済の好転に合わせて子弟の教育熱も盛んになり、上級学校への進学者が増えた。

大正七年（一九一八）に台湾にやってきた明石元二郎総督は、在任期間が一年四カ月と最も短かったが、台湾の近代化に貢献するインフラの整備を推進した。嘉南大圳構築の決断をしたのも明石総督である。

翌大正八年、明石総督の「同化主義」政策に基づき、台湾教育令が制定されて台湾人の中等教育の拡充が図られた。このとき誕生したのが、台湾公立嘉義農林学校である。台湾人を対象とした実業学校で、このほか、台北に工業学校が、台中に商業学校が開設された。

嘉義農林学校には農業科と林業科が置かれ、公学校六年を終了した台湾人と原住民族に受験資格があり、修業年限は当初三年であった。

小学校や公学校などの初等教育は、地方自治体によって建設、運営される仕組みであったが、中等教育、高等教育は総督府の組織の中に組み込まれていた。

大正八年に開校されていた台湾総督府直属の教育機関は、高等商業学校、医学専門学校、商業専門学校、農林専門学校、中学校、商業学校、工業学校、高等女学校、師範学校、台南師範学校、公立高等普通学校、公立高等女学校、公立実業学校である。

公立実業学校として台北には公立台北工業学校が、台中には公立台中商業学校が、嘉義には公立嘉義農林学校がこの年に開校された。しかし公立台北工業学校は、職員数三十六名と規模も大きかったが、台中商業

嘉義農林学校の校舎の一部

学校は五名の職員であり、嘉義農林学校も藤黒総左右衛門校長を入れても七名という小規模な陣容であった。

教育は佐藤與助、黒木政次郎、横瀬吟市、柳川鑑蔵の各教諭が、庶務などの事務は有馬武彦と村上義男の書記が担当した。

開校当初は、台湾人や原住民族に対して農業や林業技術者の指導者養成学校として造られたのだが、大正十一年には日本人の入学も許されるようになる。

明石総督の後を引き継いだ田健治郎総督が内地延長主義を取り入れ、新しい台湾教育令が制定された。この教育令の特徴は、「内台共学」すなわち、日本人と台湾人、原住民族の三民族の共学を可能とする制度の導入にあった。誰もが好きに学校を選んで受験できるようになったのである。むろん、日本内地の学校を受験することもできるようになった。

台湾で最初の農林学校が嘉義に造られたのには、理由があった。北回帰線が通り、亜熱帯気候に恵まれ、砂糖の原料である甘藷や蓬莱米の主要産地であったことに加え、東の阿里山山地には台湾檜や楠の原生林が広がり、東京帝国大学教授の河合鈰太郎設計による阿里山鉄道が開通していて、資材の運搬にも便利だったからである。社会の安定とインフラ整備による台湾社会の繁栄は、若者に就職の機会を増やした。

嘉義農林学校は本科三年制の六学級で、全寮制の台湾で最初の農林学校であったため、入学希望者が台湾全土から殺到した。嘉義農林の新入生の定員百人に対し、受験者数は八百人だったという記録が残っている。実に競争率は八倍という難関であった。この内訳は日本人二〇パーセント、台湾人七五パーセント、原住民族五パーセントといった割合で、この比率はほぼ毎年一定していたらしい。いずれにしても、嘉義農林の学生は日本人優位とはいえ、台湾の人口比率にやや近い構成だったといえよう。難関を突破してきた生徒は、皆優秀であった。

開校から二年後には、台南州立嘉義農林学校と校名を変更し、大正十五年（一九二六）には、修業年数が五年になり、本科六学級の大規模校になっていた。一年生から四年生までは、全員が学校内の寄宿舎で生活することになっていた。

教諭が十二名、書記が二名、嘱託が四名、雇いが三名の総勢二十一名の職員がいたが、書記は「校長の監督のもと庶務を司る」と規定されていたため事務だけをし、教育には携わらなかった。

嘉義農林寄宿舎前で先輩を送別する記念写真

校長は教諭の中から、総督によって任命されるように決まっていた。この当時、福島県出身の樋口孝校長の年俸は二千七百円であったが、六割の加俸が付いたので四千三百二十円という高給が支給されていた。台湾人の教員も三人いた。嘱託が一名、雇いが二名である。

開校以来「刻苦耐労」「堅忍不抜《けんにんふばつ》」「勇往直前」を、学校の基本的な精神とした。農民を指導する学生にとって、自然を相手とする職業であるがゆえに寒暑風雨にさらされ苦しい作業を強いられるのは必定である。したがって、嘉義農林での学習は農業技術の理論学習だけでなく、屋外に出て実地に学ぶ実習が重要になってくる。

そこで、午前中は校舎内で授業を受け、午後からは屋外での実習を行うのが原則になっていた。実習に使う農具、鍬や鎌、それにバケツやコテ、さらにはヘルメットに作業服、靴に至るまで一人ひとりに支給され、農具庫にきちんと並べられていた。

実習は学年ごとでその内容が異なっていたが、新入生には最も過酷な実習が待っていた。その一つが「水田の除草」であり「堆肥の製造」であり「運動場の草刈り」であった。今日なら除草剤が解決してくれ、堆肥は購入すればよく、草刈りも草刈り機を使えばあまり苦労もなくできるが、当時はそうはいかない。炎天下の水田に入り、腰をかがめ両手を使って雑草を取るので、その苦しさはやった者しかわからない苦しさであった。また堆肥作りは堆肥小屋へ藁を敷き詰め、その上に畜舎から運んできた糞尿を撒き、発酵するのを待って裏返しにしたり攪拌して有機肥料を作るのだが、その臭いに慣れるには時間がかかった。特に最初の頃は「臭い臭い」と鼻をつまみながら作業する生徒が多くいたが、そのうちに慣れてゆくのが不思議だった。

嘉義農林の運動場は広く、しかも亜熱帯気候のため雑草がすぐにはびこり、これを刈り取らなくてはいけない。新入生は鎌を砥石で研ぎ、一列横隊になって腰をかがめ、自分の目の前の雑草を「開始」の合図で刈り取るのである。炎天下でのこの作業は、水田の除草作業よりきつかった。他の生徒に遅れないようにひたすら「終了」の合図を待つまで続くのである。「終了」の合図で目指すのは、水飲み場である。このような作業を半年も続けると、新入生の顔は日焼けして引き締まり、逞しい身体になった。

この他にも全校生徒による学校行事があった。「三十キロ校内マラソン大会」である。十五キロ地点で折り返し、出発地点に必ず帰ってくるということが課せられていた。途中での相互勉励と忍耐力を身に付けることが目的であった。

もう一つ全校実習があった。嘉義農林は本校の実習農場以外に百十五ヘクタールの実習林を持っていた。この実習林に出向き、合宿して下草の刈り取りを行うのだが、草といっても鬼茅と呼ばれる背丈ほどもある茎の太い茅である。鎌では役に立たないので、大きな鉈《なた》を振り上げて切り下ろさなくてはいけない。体力勝負の作業であった。

このような試練をくぐり抜けると、逞しくなって二年生に進級となる。二年生になると必修科目の園芸を行うことになる。実習も野菜、花卉、果樹が中心で試験区を設置され、そこで台湾でも珍しい新品種の栽培を行う。新入生の時とはがらっと違って、情緒豊かな楽しい授業内容である。

近藤兵太郎が松山商業野球部の監督を辞めて三年後の昭和三年（一九二八）に、嘉義農林学校に野球部が創られることになった。開校から九年が過ぎていた。

樋口校長は近くの嘉義中学にすでに野球部ができていたため、嘉義農林にも野球部を創れないかと模索していた。野球部以外の部活動については、生徒の要望を取り入れて財政的に可能な部から創部していた。しかし、野球部は広いグラウンドが必要であり、用具をそろえるにも他の部のように簡単には財政が許さなかったのである。

そこで、支援者を探し、資金援助をしてもらうめどが付いた段階で、野球部を創ることにした。

野球部の部長は宮崎県出身の体育教師、浜田次箕教諭に頼んだ。浜田教諭は嘉義農林が創立した翌年、大正九年に赴任してきた古参である。監督は東京出身の安藤信成教諭に就任を依頼した。安藤教諭は代

昭和３年嘉義農林野球部創部当時の教員と選手

数の教員で、大正十五年に宜蘭農林学校に奉職し、二年後に嘉義に転任してきたばかりの若い教員であった。しかし野球のことは詳しくない。そこでコーチ役に山本茂信舎監を付けることにした。一応、名ばかりではあるが、学校の受け入れ体制は整えた。次は選手の募集である。

選手を募集したところ十四名が集まった。鈴木浩一、岡本武雄、鈴木孝一、辻茂、谷口邦男、佐藤兵作、岡本良雄、松村茂の日本人八名、廖登燕、李詩計、呉明捷の漢族台湾人三名、それにピューマ族で本名アジマツ（日本名上松耕一）、それに「能高団」野球チームで名をはせたアミ族出身の本名マヤウ（日本名・真山卯一）と、本名ラワイ（日本名・東和一）の三名の原住民族である。

練習は学校の東、道路を挟んだ嘉義神社の南にある嘉義公園グランドですることにした。午前中は教室で授業を受け、午後には実習が待ち構えていた。その実習が終わってからグラウンドに移動しての練習であった。

浜田部長も安藤監督も山本舎監も、野球の指導に関しては詳しくない。そこで選手による自主練習が中心になるから、厳しさがない。一年生から四年生までは全員が寮生活をしているので、時間的な制約はほとんどないのが利点ぐらいであった。寮は十畳の寝室と十畳の勉強部屋が用意されていて、寮の前の庭では素振りやキャッチボール程度の練習はできた。

昭和三年の七月十四日から三日間の予定で、第六回全島中等学校野球大会が台北で開催された。部ができて三カ月しか経っていなかったが、嘉義農林も参加した。この大会で優勝したチームは、日本本土で八月に行われる全校中等学校優勝野球大会に参加できることになっていた。ユニホームの胸に嘉義農林学校の名前から「ＫＡＮＯ」の文字を胸に縫い付け、黒の帽子には白のＫの文字があしらわれていた。十二名の選手が颯爽としたユニホーム姿で挑戦した。岡本武雄、鈴木孝一、松村茂、谷口邦男、佐藤兵作、岡本良雄、廖登燕、李詩計、呉明捷、上松耕一、真山卯一、東和一である。

対戦相手は台中商業であった。台中商業は嘉義農林学校と同じ年に設立された実業学校である。

嘉義農林の先攻で試合が始まったが、無残な敗戦であった。十三点も点を取られたうえに一点も点が取れないという完封負けだった。

教員も選手も落ち込んで、嘉義に帰ってきた。さらに、十月には台南州野球大会が行われ、今度こそと勢い込んで挑戦したが、南鉄野球チームに五対二で敗北した。

兵太郎は嘉義農林に野球部ができたことを耳にしたが、興味は持たないようにした。勤務する嘉義商工補習学校に野球部ができたのなら興味を持たざるを得ないが、補習学校にはできるあてもなかった。野球から手を引いて三年が経っていた。

兵太郎には苦い経験があった。大正十四年の第二回全国選抜中等学校野球大会に選抜されて出場して優勝し、十二チームの頂点に立って全国制覇を成し遂げたにもかかわらず、八月に行われた全国大会四国予選では春の選抜大会で勝った高松商業に大差で負けた。あの時の選手の顔を思い出すのも辛かった。勝負事には運、不運がつきまとうことも知っていたが、もう一度、あの屈辱を味わうことは避けたかった。

俸給も六十七円になり、加俸を入れると百円を超える給料が支給されたから、不自由のない生活ができた。家族五人が生活するのには十分な金額で、平穏な家庭生活が嘉義で続いていた。

昭和三年十一月十日には、第百二十四代天皇裕仁の即位礼が、京都御所で行われ、御所をとりまく群衆は数十万人にもなり、六千五百人の警官が警備をしたと新聞が伝えていた。

台湾においても、総督府が中心になって祝賀行事が行われた。

そのころ、嘉義農林野球部では、どうすれば強いチームになれるか議論が起きていた。教員と選手が一緒になって話し合ったが、妙案はなかった。

それに、後任の監督を見つけなくてはいけない事情があった。監督をしていた安藤先生が来年の三月で退職して、総督府の鉄道部運輸課へ行くことが決まっていたのである。

話し合いの中で生徒の一人が、嘉義商工補習学校の簿記の先生が野球に詳しいという話を聞いたと言い出した。この話を耳にした樋口校長は、商工補習学校の野々村校長を訪ねることにした。可能なら野球部の指導をしてほしいと思っていたが、近くの学校とはいえ他校の教員である。取りあえず、どのような教員なのか聞くことにして、校長を訪ねた。野々村校長は助教諭で学校長事務取扱という立場であった。野々村校長に話を聞いて驚いた。すでに有名になっていた松山商業野球部の監督を台湾に住みながらやっていて、連続六回も甲子園に出場させた人物だという。生徒の言っていたことは、本当だった。どうしても嘉義農林野球部の指導をお願いしたかった。しかしその人物は、授業を受け持つ他校の教師である。当然ながら、指導をしてもらうには兵太郎の都合に合わせることになる。それよりも、引き受けてくれるかどうかもわからない。近藤兵太郎と直談判するしかないと考えた樋口校長は、野々村校長の了解を得た上で兵太郎宅を訪ねることにした。

説得役は、野球部長の浜田次箕《はまだつぎき》教諭が当たることになった。浜田教諭は体育の教師であると同時に陸軍歩兵少尉でもある異色の教員である。

手土産を下げて北門外に住む兵太郎宅を訪ねた。家にはカナヱ夫人と英子、和子の姉妹、それに五歳になった長男高昌がいた。しばらく待っていると兵太郎が勤務校から帰ってきた。

カナヱ夫人が兵太郎に浜田次箕の来訪の意図を告げると、「わかった」と言って浜田教諭と対面した。

浜田教諭は嘉義農林野球部の内情を語り、指導を引き受けてくれるよう要請した。

「野球とは三年前に手を切りました。今は学校の授業に専念したいのです」兵太郎ははっきり断った。

「近藤さんの日本での活躍の話は聞いています。日本での経験をこの嘉義でも生かしていただけませんか。台湾でもう一度、甲子園を目指してください。嘉義農林の校長をはじめ野球部員みんなが貴方を必要としているのです」と食い下がる浜田に兵太郎が答えた。

「私は怖いのです。試合に負けることが怖いのです」

「やっと、監督を辞任して、その恐怖から逃れることができるようになったのです」

「これ以上、私を野球に引き込まないでください」

兵太郎は頭を下げながら言った。

浜田教諭も引き下がらない。

「先生の恐怖が、希望になるようなチームを作ってもらいたいのです。いきなり監督が駄目なら、コーチとして来ていただいても結構です。一度嘉義農林の野球部を見てやってください。そのうちにまた来ます」

言い残すと近藤邸を後にした。

それから、浜田教諭はその後も何度か足を運ぶことになる。

兵太郎は温泉が好きである。日本最古の温泉と言われる「道後温泉」のある松山市で生を受けたので、自然に温泉が好きになった。松山に帰るたびに、毎日道後温泉へ行く。松山商業に行く前に温泉に入り、帰りにまた入るというようなこともあった。

ある日、嘉義郊外に造られた温泉に行くことにした。この温泉は冷泉を沸かしたもので、入浴料は二十銭であった。往きはバスを使ったが、帰りは歩いて帰ることにしていた。

温泉からの帰りがてら嘉義神社の前を通り、神社の西にある嘉義公園グラウンドの横道を歩いていると、元気の良い声が聞こえてきた。松商野球部でよく聞いた音である。グラウンドに目を移すと、野球の練習をしている最中であった。三年ぶりに目にする風景である。浜田先生が依頼をしてきた嘉義農林野球部の生徒たちかもしれないと想像しながら、しばらく見ていた。

見ているうちに、松商野球部の選手の顔が浮かんでは消え、消えては浮かんできた。見ていると練習が稚拙で荒削りである。指導してやれば良くなる要素は持っていると直感的に思ったが、黙って家路についた。

帰ってみると、浜田教諭が来ていた。しかし、野球部のことは切り出さず、嘉義農林学校のことを話しだした。

「生徒の七割五分が本島人で、二割ほどが内地人、残り五分は高砂族の生徒ですかね。まあ、台湾の民族比率と変わりませんがね」

当時台湾島内では、漢民族のことを本島人、原住民族のことを高砂族というのに対し、日本人のことは内地人と言っていた。

「生徒は難関を突破してきているので、みんな優秀な生徒です」

兵太郎が切り出した。

「嘉義公園のグラウンドで野球の練習していた生徒は、嘉義農林の生徒ですか？」

「そうです。本校のグラウンドはテニス部や陸上部など他のクラブが使っていて手狭なので、公園のグラウンドを使わせてもらっています。見ていただいたのですか？」

兵太郎が間を置いてから口を開いた。

「温泉に行った帰りに、少しだけ見ました。大きな生徒が結構いますね」

言葉を選ぶかのように、浜田先生が訥々と話し出した。

「部員たちは皆が強くなりたいのです。ただ、どうすれば強くなれるのか、その方法がわからないのです。強くなるためなら、どんな練習にも耐えられると思います。彼らは農業実習でしんどいことや辛い訓練に耐えてきた連中ばかりですからね」

兵太郎は思っていた。もう一度、一から始めてみよう。休みの時だけ帰国しても、監督を務め全国大会にも何度も出場させることができた。今度はその気になれば、毎日部員と顔を合わせて指導ができる。松商野球部で実践してきたことを、台湾の嘉義で完成させてみたい。

しばらく考えていた兵太郎が話を引き継ぐ格好で言った。

「わかりました。明日、野々村校長と話してみます。校長の許可と協力がないと指導は無理ですから。引き受けることになっても、まずコーチからですね」

聞き終わった浜田は微笑んだ。すでに野々村校長の了解を取った上での相談であったから、兵太郎の就任は間違いないと確信して、近藤邸を後にした。

数日後、再び近藤邸を訪問した浜田は、兵太郎から条件付きで就任を引き受けるという返事をもらった。条件は「勤務先である嘉義商工補習学校の校務を優先すること」であり、もう一つは「嘉義農林野球部の指導については、一任してくれること」の二つであった。

「二つの条件とも当然のことです。私は野球部の部長をしますので一緒にやっていきましょう。何でも言ってください。ありがとうございました」と言って深く頭を下げた。

浜田次箕部長は、樋口校長へ直ちに朗報を告げた。

兵太郎は嘉義商工補習学校の「助教諭」として簿記の授業を行い、放課後には嘉義農林学校の「教練」という肩書で野球部の「コーチ」を行うことになったのである。樋口校長に報告をした帰りに空を見上げた浜田部長は、嘉義の空が真っ赤な夕日で染め上げられているのを見た。嘉義農林野球部の未来を思わせるかのように輝いていると思った。

嘉義農林学校野球部、近藤兵太郎コーチの誕生である。兵太郎は四十歳で再び中等学校野球に首を突っ込むことになった。今度は家族が住んでいる嘉義の実業学校野球部のコーチである。昭和三年が終わろうとしていた。

嘉義農林野球部を任された兵太郎は、直ちに行動した。野球部員を嘉義神社に集合させると所信を述べた。

「これから君たち野球部を指導することになった近藤兵太郎だ。よろしく頼む」

「練習に関してはすべて私の指示に従ってもらう。近い将来必ず甲子園に行けるチームにする」

「甲子園？」誰かが怪訝そうにつぶやいた。

「私は商工補習校の教員をしているので、指導に行けない日もあると思う。その時は自発的に練習をしてもらいたい」

「毎日、ランニングとキャッチボールだけは必ず行うように」

当時の嘉義神社本殿、平成６年火災で焼失

言い終えると兵太郎は一息ついた。すると部員が聞き返した。

「甲子園とは何ですか？」

甲子園を知らないことに驚いたが、兵太郎は答えなかった。その代わりに後ろを向くように指示した。嘉義神社からは、嘉義市街を見下ろすことができた。

兵太郎が口を開いた。

「君たちが住んでる街だ。ここからよく見えるだろ。今日からランニングを開始する」

兵太郎は嘉義の街を指さしながら、指示した。

「校門を出たら西に向かって走り、噴水の側の日向屋の前を通り、南に曲がって南門町を抜けて、嘉義中の下を走るコースだ。放課になったらまず、嘉義市内を一周してからグラウンドに集合するように」

戸惑っている部員に向かって叫んだ。

「早く行け！」

部員は慌てて駆けだした。兵太郎と部員の初対面は終わった。

兵太郎が指示した「日向屋」は、吉田秀太郎が明治三十四年に創立した嘉義で最も古い菓子店で、嘉義の住人で知らないものはなかった。

部員が毎日走った噴水前の「日向屋」

兵太郎は嘉義農林の野球部員が大和民族、漢民族、原住民族による三民族混成のチームであることは、浜田部長から聞いて知っていた。

兵太郎は元来、人を区別したり差別したりする性癖を持ち合わせていなかった。民族の違いは、野球が好きという一点においては、何も問題はないと思っていた。

簿記の教員をしていた兵太郎は数字に強く、数字は嘘をつかないことを知っていた。野球を指導するには、データを基に最高の判断ができないといけないと考えていた。一言で言うと、野球は確率のスポーツだと考える現実主義者でもあった。野球はルールに基づく戦いであり、ルールはすべての選手に平等である。民族や種族の違いは関係なかった。

問題は野球にどれだけ情熱を持ち、適応し、身体能力を身に付けることができるかだと考えていた。そのために必要なのは、厳しい練習と本人の努力しかないと思っていた。したがって、努力しない人間は好きでなかった。

「努力したからといって、報われるとは限らない。しかし、努力しない者が報われることはない」という言葉が好きであった。

任された野球部には十四人の部員がいた。日本人は谷口邦男、岡本良雄、岡本武雄、佐藤兵作、鈴木孝一、三原信男、崎山敏雄、福島敏雄の八名、漢人は劉蒼隣、呉明捷、李詩計の三名、それに原住民族は日本名を東和一というアミ族のラワイ、同じアミ族で日本名を真山卯一というマヤウ、最後は上松耕一ことピューマ族のアジマツの三名であった。

特に原住民族と野球の結びつきは、アミ族だけで編成された「能高団」チームのことを新聞で読んでいたので、興味を持っていた。

ランニングをさせると、いつも先頭を走るのが原住民族の部員であった。足が速いのである。

兵太郎は松商野球部で指導したときと同じ「武士道的精神野球」を徹底して教えた。まさに「スパルタ式」練習であった。精神力七割、技術力三割という考えであったから、礼儀を重んじ、ランニングが終わってグラウンドに入るときには、必ず「一礼」をさせた。

「球場は神聖な場所だ。入るまえに必ず一礼し、感謝することを忘れるな」

「試合でただ勝てば良い」「強いだけのチームを作れば良い」という考えは、持っていなかった。

野球に武士道を重ね、礼儀や感謝の気持ちを涵養して「野球道」を教えたかったのである。

指導は厳しかった。ルールを徹底的に研究し、野球

学校の隣、嘉義公園グラウンドでの記念写真

は打撃よりも守備の方が有利であると判断した兵太郎は、守備練習に力を入れた。練習時間が短いので、「休憩」という声が入らない。

選手は外野に打たれたボールを捕球し損ない、倒れるとしばらくそのまま動かない。この倒れている間が休憩といった練習であった。

立ち上がるのが遅いと、雷が落ちた。選手は「雷おやじ」と陰口をたたいた。「マムシに触っても『雷おやじ』にはさわるな」と、皆んなが囁き合うほど怖いと思われていた。

兵太郎は、つぎつぎに強化策をとった。その第一は有望な選手を野球部に集めることである。まずは嘉義農林学校の中から、有望選手を見つけることであった。その結果、テニス部からは腕力の強さを買われ蘇正生が、マラソン部からは足の速い部員が勧誘されて入部した。

人種や民族は関係なかった。野球の素質のある者は、誰でも良かった。こうして集めた有望な素材としての部員たちを近藤が短期間に鍛えあげ、傑出したチームに育てていくのである。

ルールを理解させ、データを重視した上で選手を決め、守備位置や打順も決めた。実力主義であった。

昭和四年七月十二日に、第一回中南部中等学校野球大会が開催された。新しく入部してきた部員からも選出し、谷口邦男、岡本武雄、呉明捷、李詩計、上松耕一、真山卯一、東和一、辻茂、平野保郎を連れて試合に臨んだ。

兵太郎がコーチを引き受けて最初の公式試合であった。

一回戦は台中商業との試合であったが、一対一の引き分けに終わった。二回戦は台南一中と戦い七対五で勝った。嘉義農林野球部が初めて勝った試合であった。部員は勝つことの喜びを、初めて味わった。第三試合は高雄中学との試合であったが四対二で敗北した。日本人だけのチームを相手に戦った結果である。これまで一度も勝ったことのなかったチームにとって、一勝一敗一引き分けという成績は、選手はおろか学校の職員も驚く成績であった。兵太郎のコーチ招聘が正しかったと、誰もが思った。しかし、兵太郎は満足していない。甲子園には程遠い道のりであることを知っていた。練習はさらに厳しくなっていった。

部員は午前中に授業を受け、午後からは実習をするため、練習時間は授業前の宿舎での一時間と実習後のグラウンド練習だけである。実習が終わるとまずは嘉義市街を一周し、グラウンドに着くと一礼をして入り、キャッチボールを行うことになっていた。そのキャッチボールをしている頃に、兵太郎が現れるのである。

兵太郎は選手に対し、生活上の注意や精神的な話をよくした。

「映画を観るな」と言う。映画は目に悪いだけでなく、闘争心を軟弱にする可能性がある、というのである。また、決して諦めるなと言う。

「どんなにピンチになっても、諦めない限りチャンスはある。決して諦めてはいけない」

毎日のように言う。その結果、選手は捕球できないような球にも全力で走り、捕球しようと試みるようになっていった。

二十四日には第七回全島中等学校野球大会が開催された。全国中等学校優勝野球大会の予選も兼ねているから、台湾で行われるどの野球大会よりも重要な大会である。この大会で優勝するために猛練習をしているといっても過言ではなかった。

日本内地以外からも、全国中等学校優勝野球大会に出場できるようになったのは、大正十年（一九二一）の第七回大会からのことである。朝鮮からは釜山商業が、満州からは大連商業が初めて参加している。しかし、台湾が初参加したのはそれから二年後の第九回大会からのことで、台北一中が初出場している。その後は、台北商業が三回、台北工業も二回優勝し、日本内地に行っている。これまでの大会で、台北市以外の学校に優勝旗が渡ったことはなかった。新聞や世間は「優勝旗は、濁水渓を超えて南に行くことはない」と揶揄した。

この大会は、第十五全国中等学校優勝野球大会の予選を兼ねていた。兵太郎は、谷口邦男、岡本武雄、呉明捷、李詩計、上松耕一、真山卯一、東和一、辻茂、平野保郎、岡本良雄、後藤健三、川原信男、小里初雄、鄭登臨を引率して台北市に向かった。

試合会場は、台北円山公園野球場である。嘉義農林は、抽選の結果、台北一中と戦うことになった。台北一中は、学業だけでなく野球においても名門校といわれている学校である。

試合は一方的であった。嘉義農林は八対二という大差で負けた。この大会では台北一中が優勝し、全国大会に出場したのがせめてもの慰めであった。

嘉義農林の練習は、さらに厳しさが増した。選手も真剣に練習に打ち込んだ。試合にも進んで参加した。

十月には第十六回南部野球大会が行われ、この時は台南一中を八対〇で完封して、勝った。十一月には、第一回嘉義野球大会が行われることになり、参加した。二回試合をしたが、二回とも勝った。

この頃、アメリカでは暗いニュースが起きていた。昭和四年（一九二九）十月、ニューヨークの株式市場で突然大規模な株価の暴落があり、金融界は絶望的な混乱におちいり、これをきっかけにアメリカで空前の大恐慌が起こり、さらに世界へと恐慌が拡大していくのである。その波は、やがて日本をも巻き込むことになるが、まだ台湾は平穏な年末を迎えていた。

昭和五年（一九三〇）年が明けた五日には、日本諏訪蚕糸の野球チームが来台し、試合を行ったが、十五対四という大差で負けて、幸先の悪い出発となった。

その一週間後の十二日、兵太郎は次男を授かり宏明と名付けた。家族は二男二女の六人家族になったが、月俸も七十三円に上がり、経済的には問題がなかった。

五月になると、八田技師が取り組んでいた烏山頭ダムが完成した。工事開始から十年の歳月が経っていた。嘉南平原十五万ヘクタールに網の目のように張り巡らされた一万六千キロに及ぶ水路に、送水が開始され、全水路に水が行き渡るのに三日間を要したと新聞は報じた。

嘉義一帯には濁水渓からの直接取水による水が、三年前から来ていた。烏山頭ダムからの給水によって、嘉南六十万人の農民が、水の心配をせずに生活することができるようになったのである。これまで水汲みに追われていた嘉南の農民は、八田技師を「嘉南大圳の父」と称え、感謝の気持ちを隠さなかった。この後、不毛の大地と見捨てられていた嘉南平原は、台湾最大の穀倉地帯と呼ばれるようになる。

四月になると嘉義一帯に田植えが始まる。田植えに使われる品種は、嘉義晩二号という稲熱病に強い蓬莱米である。嘉南大圳の完成と品種改良による蓬莱米の出現は、嘉南の農民を豊かにした。

それはまず学校に通う子どもの弁当に現れた。弁当に肉が入れられるようになり、次いで子どもの服装が整い、サトウキビの葉で葺いた屋根が瓦に代わり、上級学校に通う生徒が増えたのである。

田植えが一段落すると、全島中等学校野球大会がやってくる。第八回目の大会である。

嘉義農林からも参加しようと、人選をした。谷口邦男、岡本武雄、呉明捷、蘇正生、李詩計、上松耕一、真山卯一、東和一、平野保郎の九人を正選手に選んだ。日本人二人、漢族台湾人が三人、高砂族が四人の陣容である。蘇正生以外は常連の選手である。試合運びにも慣れ、技術も高まり、ルールにも精通していた。

今度こそ勝てると臨んだ大会であったが、台北商業との試合で十対二という大差で負けてしまった。この年の優勝校は、前年同様台北一中であった。

兵太郎は敗因を考えた。守備が弱いことがわかった。上松耕一、真山卯一、東和一、それに平野保郎の高砂族出身の選手は歳は食っていたが足が速い。点を取るにはこの足の速さが必要であった。それに、東は捕手として投手のリードに長けていた。呉明捷は途中から投手に抜擢したが、この選手の速球とカーブには驚くものがあった。蘇正生は呉明捷と同い年であったが、打撃に関しては一流であった。軽くバットを振っても、腕力が強いのか、球は快音を立てて飛んでいくのである。選球眼も良くチームには必要な選手であった。守備力を高めるため、谷口、岡本、李に代えて福島、小里、川原の若い選手を起用した。徹底的にキャッチボールを行わせ、いつもボールを持たせて、ボールになじむように仕向けた。

バットには「球は霊なり」と墨で書いて使わせた。「一球入魂」とも書いた。

兵太郎は達筆であった。それも右手でも左手でも同じように書けた。そのどちらの文字も達筆であった。兵太郎は得意がって両手に筆を持ち、同じ文字を同時に書いて見せ、周りの者を驚かせた。もともと左利きであったが、箸と筆記用具だけは右手を使うように躾けられていたのである。

十月二十七日と二十八日に行われる文化三百年記念全島中等学校野球大会に向けて、徹底的に守備を中心に練習を行い、試合に臨んだ。

一回戦は台北一中であった。二年連続で全国大会に出場した学校である。下馬評は完全に台北一中の勝ちである。誰もがそう信じていた。試合を前にして兵太郎は心配した。一度も勝ったことがない学校との試合で、選手が最初から萎縮するのではないかと心配したのである。

「良いか、強い者が勝つのではない。勝った者が強いのだ」

宮本武蔵五輪書の中の「火の巻」に書かれている言葉である。兵太郎はさらに言った。

「やるべきことはすべてやった。自分を、仲間を信じて、絶対に最後まで諦めずに戦ってこい」

初戦の台北一中を九対四で破った。濁水渓より南の学校が、台北一中を破ったのである。観衆がどよめいた。続く第二試合も強豪台北商業だったが、十三対一という大差で勝利した。これまで勝ったことがなかった学校を二校も破ったのである。

選手を入れ替え、守備練習を徹底的にやった効果が現れてきつつあった。優勝戦は南部同士の戦いになった。相手は南部の雄・高雄中である。高雄中にはこれまで勝ったことがなかった。この試合は呉明捷投手の球が定まらず、十七対二という大差で打ち負かされたが、島内で準優勝したのである。

嘉義農林学校始まって以来の快挙であった。樋口校長は大いに喜び、来年の四月から監督に就任するよう兵太郎に頼んだ。兵太郎は二つ返事で了解した。

台北一中と台北商業を破ったことは、選手たちに大きな自信を与えた。来年の全島大会で優勝し、全国大会へ、甲子園へ行く夢が現実のものとなってきたのである。

昭和六年一月三日には、正月休みを利用して京都の平安中学が台湾に遠征に来た。台北で対外試合をした後で嘉義にもやってきた。嘉義農林が対戦することになった。

試合中に兵太郎は、京都・平安中学の中に三人の原住民族出身の選手がレギュラーとして参加して

いるのを見ると、

「あれを見ろ、野球こそ万民のスポーツだ、我々には大きな可能性がある」

と選手や学校関係者に語った。この三人は「能高団」からスカウトされ、日本内地に野球留学したアミ族出身の選手であった。試合結果は八対一で負けたが、この試合から得たものは大きかった。この試合以後、嘉義農林野球部に対して「漢人、蕃人、日本人の混成チームが、日本人だけのチームに勝てるわけがない」というような陰口は影を潜めた。

平安中学が帰ったすぐ後、八日になると、松山商業の教え子である森茂雄が嘉義に兵太郎を訪ねてきた。二人は再会を喜びあった。森は松山商業を卒業後、早稲田大学に入学し、野球部で活躍していた。前年には主将になり、監督代行までしていたのである。兵太郎は嘉義農林の練習を見てもらい、いろいろアドバイスをしてくれるよう頼んだ。森はそれに応え、特に守備のフィールドワークや打撃のコツを指導して、台湾を離れた。

四月になると、嘉義農林野球部を創設した樋口孝校長に代わって、佐賀県出身の島内庸明校長が着任した。野球部の部長はこれまで通り濱田次箕教諭で、監督には樋口校長と約束したとおり、近藤兵太郎がなった。学校規模も本科十学級になり、職員も二十八名に増えていた。

兵太郎はこれまで通り、嘉義商工補習学校の勤務を終えると、嘉義公園グラウンドへと向かう生活を続けていた。自校の勤務を最優先する約束であったので、練習を見ることができない日も結構あった。そこで、自然に自治的、自発的な練習が必要になり、選手同士が協力して切磋琢磨するようになった。一年生から四年生までは全員寮生活を送ることになっていたことも幸いし、チームワークに大きな良い結果をもたらした。

「心眼で打つ、球を見定めてバットを振れ」

「球は霊なり、霊正しからば球また正し」

と精神の統一を語り、精神論者的なことを言う一方で、

「良いか、セオリー（理論）を身に付けることだ」

とも言っていたが、そのうち鳥の子用紙に墨で書いて持ってきた。寄宿舎に貼るようにという。

そこには七つの文章が書かれていた。松山商業時代にも同じことをした。松商の選手はこれを「コンピョウ訓話」と陰で言った。

一　セオリーを身に付ける
二　野球はパーセンテージのスポーツである
三　試合のための練習たれ。練習で泣き、試合で笑え
四　注意力の集中と注意力の転換を養う
五　知らないことを知ったかぶりするほど危険なことは

第９回全島中等学校野球大会の会場、円山公園野球場前

ない

六　球は霊なり、霊正しからば球また正し、霊正しからざれば、球また正しからず

七　皮を切らせて肉を切れ、肉を切らせて骨を切れ、骨を切らせて髄を切れ

達筆な文字であった。日蓮に傾倒していた兵太郎は、鎌倉幕府に逆らっても、島流しにあっても諦めず、信念を貫き通した日蓮の話を選手によく聞かせたが、技術指導も怠らなかった。「精神野球」を語りつつ、「データ野球」も取り入れたのである。

昭和六年（一九三一）七月十九日から二十三日の期間に開催される第九回全島中等学校野球大会は、甲子園大会出場をかけた大会である。会場は台北の円山公園野球場であった。

兵太郎はデータを基に、選手を次のように布陣した。

一番　左翼手　平野保郎　（本名ポロ、アミ族、三年生、二十四歳）
二番　中堅　蘇正生　（漢人、五年生、二十歳）
三番　遊撃手　上松耕一　（本名アジマツ、プユーマ族、五年生、二十六歳）
四番　投手　呉明捷　（漢人客家、主将、五年生、二十歳）
五番　捕手　東和一　（本名ラワイ、アミ族、四年生、二十五歳）
六番　三塁手　真山卯一　（本名マヤウ、アミ族、五年生、二十四歳）

七番　一塁手　小里初雄　（日本人、四年生、十八歳）
八番　二塁手　川原信男　（日本人、三年生、十七歳）
九番　右翼手　福島又男　（日本人、三年生、十九歳）
補欠　崎山敏雄　里　正一　谷井公好　積真哉　劉創麟

総勢十四名の選手が、台北の円山野球場に向かった。

第一回戦は台北一中との試合であった。この大会で、嘉義農林の呉明捷はノーヒット・ノーランを達成して十五対〇で勝った。呉明捷の大きく右腕を振り上げ、身体全体を使って投げ下ろす豪快な投球ホームは、相手選手に威圧感を与えた。その上、打者の手元で外角に曲がったり、手元に落ちるカーブの威力は大きかった。

試合会場の台北円山野球場

台湾での強豪校であった台北一中の選手は、呉明捷の豪快な速球と切れの良い変化球に翻弄されたのである。この快挙は、台湾中を沸かせた。新聞はこぞって呉投手の投球ホーム姿を撮りたがった。

波に乗った嘉義農林は台中二中を十七対十で破り、準優勝戦では台南一中を十四対三という大差で下した。

決勝戦は昨年に勝っている台北商業であった。試合は午後一時から始まったが、試合前には両チームの主将による握手が行われた。決勝戦は緊迫した試合になった。九回表まで三点差で勝っていた嘉義農林は裏に三点を入れられ、大会初の延長戦にもつれ込んだ。延長十回の表に二点を入れたものの裏には一点を返され、あわや逆転サヨナラになるかと思われたが、嘉義農林が踏ん張り、優勝したのであった。

試合が終わった選手たちは兵太郎の前に並び、男泣きに泣いた。

兵太郎は泣きたい気持ちを抑えて、選手たちに言った。

「泣くな。お前たちは勝ったのだ。胸を張って、最後の挨拶をしてこい」

選手は観客席に向かって走り、横一列に並んで深々と

第９回全島野球大会で優勝した円山野球場の嘉農チーム

礼をした。観客席からは大きな拍手が返ってきた。嘉義農林が初めて、甲子園への切符を手にしたのである。兵太郎が「甲子園に連れていく」と約束してから三年で実現したのである。

主将の呉明捷はチームの先頭に立ち、優勝旗を持ってグラウンドを走りながら観衆の歓呼に応えた。「八年間台北勢が独占していた優勝旗」が、初めて「濁水渓を渡る」と新聞は書き立てた。

近代スポーツとしての野球は、台湾では台北がまずこれを受け入れ、普及させてきたから、各野球大会でも北部が常に優位を占めてきた。どちらかというと、北部に比べて南部は「遅れている」という意識が台湾社会にあったが、それを嘉義農林が打ち砕いたのである。

これ以降、日本人、漢族、原住民族による混成チームを笑う者は台湾から消えた。と同時に、嘉義農林の野球部を短期間に育て上げた近藤兵太郎監督に対する周りの者の意識が大きく変わっていくことになった。

嘉義駅前で嘉義市民の歓迎を受ける嘉農の選手たち

「蕃人は足が速い、漢人は打撃が優れている、日本人は守備に長けている。これほど理想的なチームはない」

兵太郎が言っていた理想のチームの勝利であった。

七月二十四日、嘉義駅に帰ってきた嘉農ナインと近藤監督、浜田部長は、島内校長、職員生徒一同、それに松岡市尹市長をはじめとする嘉義の官民合わせて千人を超える市民の熱狂的な歓迎を受けた。

嘉義農林の選手が、全島中等学校野球大会の優勝旗を持ち帰ることは、嘉義市民の悲願であった。

「優勝旗が濁水渓を越えることはない」と言われ続けてきたジンクスを見事に破ったのである。しかも、常勝の台北のチームを破っての凱旋であった。嘉義農林学校は市民の誇りになった。

選手たちは嘉義市民の「カノウ」「カノウ」という声援と拍手の中で、市が用意したパレード用の車に乗り込んだ。先頭の車には、優勝旗を持った主将の呉明捷たちが乗り込

嘉義駅前から栄町通りを嘉義神社に向かうパレード

み、選手の後に続いて市長、校長とともに兵太郎と浜田部長が続いた。自動車に分乗した一行は、栄町通りを通り、嘉義神社へ向かった。凱旋パレードを一目見ようと多くの市民が駆けつけ、まさに祭りのような騒ぎになっていた。

嘉義神社で優勝報告を終えると再び車に乗り、いつも走っていた噴水広場まで来て解散した。

熱気が嘉義の街を包んでいた。この熱気は、やがて甲子園球場にまで持ち込まれ、さらに嘉義の街が興奮のるつぼと化すまでになるのである。

第七章　甲子園大会へ

明治35年に開業した嘉義駅舎

嘉義に帰ってきた選手たちは、慌ただしかった。第十七回全国中等学校優勝野球大会が、八月十三日から九日間の予定で、阪神甲子園球場で行われることになっていたからである。日本本土に行く準備をしなくてはいけなかったが、選手全員が日本人を含めて台湾生まれであり、日本内地には誰も行ったことがない。ましてや甲子園球場など想像さえできなかった。

選手の白のユニホームの胸には黒色の「ＫＡＮＯ」というローマ字が縫い付けられ、黒い帽子には白いＫの文字が縫い付けられた。

八月五日に嘉義駅を出発することになった。千名近い嘉義市民が駅に見送りに来た。甲子園大会に臨む選手は全島野球大会の時と同じ、補欠を入れて十四名であった。引率は部長の濱田次箕と監督の兵太郎である。その他に会計を担当する者や選手の世話をする者を入れて、総勢十八名になった。

九時三十二分、蒸気機関車が祝砲のように三度も汽笛を鳴らし、基隆駅に向けてゆっくり動き出した。基隆までおよそ三百キロ、八時間近い旅である。夕刻に基隆に到着した一行は基隆に一泊した。

翌朝、六日に基隆港を見学した選手たちは、大きな船や近代化された港に驚いた。嘉義は内陸で海が見えない土地であったからである。朝食をすませた一行は蓬萊丸に乗船した。蓬萊丸は大阪商船が保有する扶桑丸、瑞穂丸といった船の中では一番大きく、総トン数が九二〇五トンもある貨客船であった。

大阪商船はこの後、和辻春樹技師長の設計で昭和九年に高千穂丸を竣工、扶桑丸に代わる最新鋭の貨客船として二月十日に台湾航路に就航させた。

兵太郎にとっては辛い船旅であったが、選手たちにとっては初めての大型客船での船旅で、気持ちが高ぶっていた。午前十時に基隆港を出港した蓬莱丸は、一路神戸港へ向けて三泊四日、千五百キロの航海を開始した。

翌七日には、全員がユニホームに着替えて甲板に集合して、記念写真を撮った。兵太郎は船上でもボールを手にすることを指示した。選手は広いデッキの上で走ったり、軽いキャッチボールをして時を過ごした。ボールの感触を忘れないための練習である。

基隆を出た船は九日午後二時、下関に寄港し、午後六時には出港して瀬戸内海を東に進み、十日の午前十一時に神戸港に到着した。三泊四日の長い船旅であったが、疲れた感じは見せなかった。兵太郎だけが船酔いで参っていた。

神戸港に到着した一行は、前もって予約していた高等学校の寮に宿泊することにした。甲子園大会の入場式は十三日であったから、二日間は練習することができた。

この大会には、各地域から二十二校が地区予選を勝ち抜いて参加していた。

日本内地へ向かう蓬莱丸の嘉義農林野球チーム

内地の学校からは北から札幌商（初出場）、福岡中（二年ぶり四回目）、秋田中（七年ぶり四回目）、桐生中（二年連続三回目）、千葉中（初出場）、早稲田実（三年ぶり九回目）、神奈川商工（三年ぶり二回目）、敦賀商（七年連続七回目）、長野商（六年ぶり二回目）、中京商（初出場）平安中（五年連続五回目）、八尾中（初出場）、第一神港商（四年ぶり五回目）、和歌山商（初出場）、大社中（十年ぶり三回目）、広陵中（三年ぶり四回目）、松山商（二年連続八回目）、小倉工（二年連続二回目）、大分商（初出場）の十九校が参加し、外地からは朝鮮の京城商（初出場）、満州の大連商（二年連続九回目）、それに台湾の嘉義農林（初出場）の三校であった。初出場の学校は、嘉義農林を入れて八校で、それ以外の学校は甲子園を何度も経験している強豪校である。

かつて現役の時には主将を務め、卒業後はコーチとして指導し、台湾に来てからは監督として甲子園に何度も連れてきたことのある松山商業も参加していた。

二年連続八度目の甲子園出場という松商野球部は、兵太郎が監督を辞任してから不遇の時代が続いていたが、昨年に続いて四国の覇者となり、甲子園に来ていたのである。しかし、兵太郎が松山商業で知っているのは部長兼監督の鞍懸琢磨先生だけで、他に知った顔ぶれはいなかった。松商野球部を離れて、すでに六年が経過していたのである。

十三日には抽選会が行われ、組み合わせが決まった。嘉義農林は一回戦に試合はなかった。続いて入場式が行われ、二十二校が整然と入場行進をした。主将である呉明捷が台湾での優勝旗を持ち、先頭に立って入場し、他の選手がそれに続いた。

球場の中に入って、その広いことに皆が驚いた。嘉義農林がこれまで試合してきたどの球場よりも大きく、何もかも規模が違うのである。その上、五万人近い大観衆を見てさらに驚いた。兵太郎はこれまでに、松山商業の監督として何度も甲子園球場に来ていたが、選手は初めてである。試合が始まる前から、甲子園球場そのものに圧倒されていた。

甲子園球場は、大正十三年（一九二四）三月十一日に起工式を、同年八月一日に竣工式を行っている。当初は陸上競技場や球技場としても利用することを念頭に設計されたため、グラウンドは三角形で、ポール際のコーナーが丸みを帯びるという形状で、中堅百二十メートル、両翼百十メートルに対し、左右中間が百二十八メートルもあるという今日考えても過大なサイズとなった。開設当時はまだ外野も土のままであった。また、スタンドは「五万人収容」と公称され、グラウンドの内野にあたる部分のみが鉄筋コンクリート製（五十段、高さ十四・三メートル）であり、現在のアルプススタンド、外野ス

世界最大級の 甲子園球場における入場行進風景

タンドは土盛りの上に二十段の木製スタンドを造っていた。内野席全体には鉄傘が設置された。この鉄傘がグラウンドに落とす影によって、打球を見落とす選手が出るなど球場に慣れない選手を困惑させた。こけら落としは阪神間学童運動会で、同年夏から全国中等学校優勝野球大会の会場となった。また、大阪毎日新聞が主催していた日本フットボール優勝大会や中等学校選抜野球大会も翌年から開催された。建設当時の甲子園球場は、時代の先端をいく施設でもあり、水洗トイレ、カレーライス、コーヒーが評判となった。当時は、世界最大級の大きさを誇る球場で、ホームランが出にくい球場といわれた。また、これまでの球場は入場料が無料だったが、甲子園球場から徴収することになった。

嘉義農林の選手が驚くのも無理はなかったが、初出場の学校はどの選手も同じであった。入場式を終えた嘉義農林の選手は、続く試合に出る必要はなかった。抽選の結果、一回戦は不戦勝だったので時間的、精神的な余裕があった。

十三日と十四日にわたって行われた一回戦の試合結果は、広陵中 四対一 和歌山商、長野商 二対一 大分商、中京商 四対三 早稲田実、小倉工 六対〇 敦賀商、秋田中 六対〇 千葉中、平安中 八対五 八尾中であった

一回戦での注目カードは、初出場の中京商と甲子園の常連校である早稲田実業であった。中京商業の吉田投手が好投して、早稲田実業を破ったことは驚きであった。

兵太郎は、台湾での試合と同じ布陣で試合に臨んだ。呉明捷と東和一のバッテリー、上松・呉・東

のクリーン・アップ、平野・蘇の外野コンビ、それに一塁、二塁、右翼の日本人選手の鉄壁の守備配置。後に、この日本人選手の守りは「鉄壁のトライアングル」と呼ばれるようになる。

十五日には、関東の雄、神奈川商工と第四試合で戦った。神奈川は野球発祥の地であり、神奈川商工は昭和三年の夏の大会とこの年の選抜大会に出場している強豪校であった。

呉明捷は奪三振八、与えた四死球四、打たれたヒットが一という好投を見せ、三対〇の完封で勝利した。

呉明捷投手の投球姿

ワインドアップモーションからテイクバックを取り、そのまま上半身ごと打者に向かって投げ下ろす投球ホームは観衆の目を引いた。このフォームから生み出される速球や、打者の手元で外角にスライドしたり落ちたりする変化球には威力があった。
神奈川商工との試合後、呉明捷のダイナミックな投球フォームを目にした記者は、新聞に「すこぶる大がかりで、球が一度にたくさん飛び出しそうな気配である」と書いたが、まだ注目度は低かった。
当時注目されていた選手は、初出場ながらカーブの切れが大会随一と言われた札幌商業の錠者博美投手である。札幌商業は満州からやってきた大連商業を十対九で破り、三回戦で嘉農と対戦することになっていた。嘉農にとっては中二日置いての試合であり、十分休養が取れていた。

嘉農は後攻めで守備についた。初回、呉明捷はいきなり三点を取られたが、兵太郎は気にしなかった。選手に対して、静かに言った。

「良いか、急いで打つことはない。よく球を見るのだ。そのうちに必ず打ちやすい球がやってくる。それをねらえ。打ちやすい球は、止まって見えるはずだ」

その通りになった。二番バッターの蘇正生が打った球は、百二十メートル以上ある外野フェンスを直撃する三塁打になった。このフェンスに当てた選手は、アジア人では最初という快挙になった。

この後も、平野、蘇、上松、呉の活躍で、七回裏には十三対七という大差をつけた。錠者博美投手は途中で降板して、マウンドを降りた。その上、平野が満塁ランニングホームランを打つなど、攻撃の手をゆるめることなく八回裏には大量六点を上げて、勝負を決めた。十九対七という信じられないスコアでの勝利であった。しかし、近藤監督は呉明捷について心配し始めていた。神奈川商工の時と違い、奪三振八ながら四死球七を与え、ヒット十を許し、失点七という成績であったからである。

嘉義農林はベスト4に躍り出た。ここに来て各新聞社が騒ぎ出した。試合終了後の取材部屋には記者が押しかけて、その快挙を書き立てた。

一方台湾でも、嘉農の活躍はラジオを通して中継されていたから、ラジオの前には人だかりができた。新聞にはその活躍が一日遅れで届けられた。特に嘉義市では熱気が興奮へと上昇し、街をあげての応援が続いた。これまでの台湾代表でベスト4まで行ったチームは皆無であった。

それが初出場でのベスト4という成績である。しかも、他のチームと最も違うのは、日本人、漢民族、原住民族による混成チームが連携よろしく融和し、一つの目標に向かって闘い続ける姿である。

「やるからには勝て」「最後の一球まで諦めるな」「球は霊なり」兵太郎が常日頃言っている言葉である。選手はそれに応えた。取れないとわかっていても、全力で走った。アウトとわかっていても、ヘッドスライディングでベースめがけて突っ込んだ。その姿に、観衆は感激し感動し、嘉農への応援を惜しまなかった。新聞までもが嘉農びいきの記事を書き始めていた。


準決勝は八月二十日に行われた。相手は大社中を二十二対四で破った小倉工業である。嘉農の呉明捷は三連投で疲れが出始めていた。

兵太郎は速攻で早い段階で点を取り、呉明捷を精神的に楽にさせてやりたいと思っていた。初回から平野が快音を響かせ、相手のミスも誘い二回までに三点を入れてリードした。

兵太郎は呉明捷に言う。

「リードしている。肩の力を抜け、打って取らせたのでよい」

「みんなを信じろ、嘉農の守備は完璧だ」

それでも呉明捷は、力投した。七回に二点を追加して五対〇とリードを広げた。小倉工業を完封していた八回表に二塁打を浴びて二点取られたが、その裏に小里の活躍と相手チームの暴投に助けられ、五点を追加して勝負を決めた。十対二の快勝であった。呉明捷が与えた四死球は三、失点二ながらヒットは十本を許し、奪三振は三にとどまった。

呉明捷が右手指に異常を感じたのは、バットを握り、バッターボックスに立ったときであった。グリップを握るのに力が入らないのである。

しかし、ボールを握ると違和感はなく、九回表の小倉工業を三振させ勝利している。ボールを握る右手指に異常は感じなかったが、三連投で疲労が溜まっていることは、呉明捷自身もわかっていた。しかし、そのそぶりは一切見せなかった。決勝戦でも投げることを決めていたからである。

決勝戦は初出場同士の対戦となった。相手は吉田投手を要する中京商業である。中京商業は、一回戦で早稲田実業を破った後、二回戦では秋田中学を十九対一、三回戦では広陵中に五対三で勝って勢いづいてきていた。その点では嘉農と同じである。準決勝では兵太郎の古巣であった松山商業と対戦し、三対一で勝ち上がってきていた。

兵太郎はあの松山商業に勝ったチームが、どんなに優れているかということを知っていた。スパルタ式練習で鍛え上げられたチームを破ったのである。中京商業を侮ってはいけないことを肝に銘じた。

昭和６年、甲子園大会に出場した松山商業の選手

それに、中京商業は甲子園球場が初めてではなかった。この年の春に開催された第八回中等学校選抜野球大会で準優勝しているのである。

投手は三年生の吉田正男で、川越中学、第一神港商業、和歌山中学をすべて完封し、優勝戦で広島商業に二対〇で負け、準優勝になっているチームであった。

吉田投手は右投げのオーバースローで、球種はストレート以外にはカーブしかなく、その配分もストレート九に対しカーブが一であったという。最大の武器は「外角低めに決まる快速球」といわれていた。

中京商業は、夏の甲子園は嘉義農林同様に初出場であったが、選手は春の大会で準優勝した時と同じ選手が来ていた。

新聞は書き立てた。「南海の青龍、嘉義農林か」「雪辱を夏の大会で晴らすか中京商」「日本人チームか」「三人種混成チームか」新聞は刺激的な見出しで報道を繰り返した。

なかでも異色の混成チームとして嘉義農林を宣伝する新聞が多く、いやが上にも決勝戦を盛り上げる報道が続いた。

台湾においてもそれは同じことであった。これまで台湾代表で甲子園大会に出場したのは、すべてが日本人だけのチームであった。その選手構成はほとんどが台北の中等学校で、総督府や企業に勤める日本人の子弟で構成されていた。しかも、ほとんどが初戦敗退で台湾に帰ってきていたのである。

それが、混成チームの嘉義農林が、しかも濁水渓から南の学校が、初出場にもかかわらず決勝進出を果たしたのである。

嘉義市だけでなく、台湾中が興奮した。

台湾や世間の興奮にもかかわらず、兵太郎は冷静を装っていたが、内心は怖かった。ここまで勝ち進むと、負けることが怖いと感じるのである。

松山商業の監督として甲子園に来たときとは違っていたと考え込んでいると、訪問者があった。鞍懸琢磨、懐かしい人である。忘れることのできない恩師であった。

松山商業監督時代の部長であり、兵太郎が監督を辞任した後、部長兼監督として松山商業を指導してきた人物である。兵太郎が去った後、松山商業は県大会での優勝もできない不遇時代を迎えていたが、それを克服して再び甲子園に駒を進めてきた情熱のある先輩であった。

「近藤兵太郎、やっと甲子園に来たな。どうした浮かぬ顔をして。明日の試合のことか？」

「怖いんです。負けるのが」

「松山商業は自滅して中京に負けたが、勝っていたら明日は師弟対決だったな」

「決勝戦を迎えた監督は、皆怖いと思うが、それを口には出せん」

「負けることは考えるな。勝つことだけを考えて、方策を考えろ。それしか今の君にできることはない」

「明日は楽しみにしている」

松山商業時代に一緒に苦労した人である。鞍懸監督の言うことは、痛いほどわかった。そして方策を立てた。

兵太郎は吉田投手の実力を知っていたので、投手戦になることを予想した。早い回で点を取った方が、有利になると考えていた。

三連投で疲れが見える呉明捷に変えて、控えの投手である劉創麟に代えることも考えた。ただ、劉は呉よりも速いボールを投げることができるが、安定感がなかった。コントロールが悪いのである。

兵太郎は呉明捷を呼んで言った。

「明日はいよいよ決勝戦だ。すでに三連投して疲れているだろうが、どうだ、やれるか」

右手指の異常については何も言わず、

「大丈夫です監督、明日も投げます」

この一言で兵太郎は「最後まで呉明捷でいく」ことを決断した。

決勝戦の前評判では、中京商業が優勢と各社が報じていたが、常夏の島、台湾から来た嘉農に対する人気はすさまじく、甲子園球場は五万の大観衆で埋め尽くされた。

嘉義農林の先攻で、試合は始まった。吉田投手の緩急を使い分ける外角低めの速球を、一番バッターの平野も蘇も上松も打てず、手こずっていた。

守備に回った呉明捷も、疲れを見せない速球で二回までを〇点で切り抜けた。しかし、三回の裏に二死まで取りながら、ヒットを打たれると次の打者に四球を与えて一、二塁とされた。続く打者には三遊間を破られる、タイムリーヒットを打たれてしまった。左翼の平野は、ボールを取ると捕手に投げる。その間に打者が二塁を狙う状況になり、二塁刺殺と焦った東捕手が二塁に悪送球をして、その間に二点を取られてしまった。

先取点を取った方が有利になると思っていた兵太郎は、これ以上点を取られないよう選手に告げた。

「良いか。まだ二点だけだ。必ず勝機がくる。絶対に諦めるな」

「呉、これ以上打たせるな」

呉明捷が答える。「監督、わかりました。抑えます」

このとき、呉明捷の手指はピッチャーにとって致命的な状況に陥ろうとしていた。右の人差し指の爪の間に血がにじんでいたのである。痛みが走ったが、呉は顔に出さなかった。

しかし、この痛みが四回の裏に出てきた。切れの良かったカーブに鋭さがなく、中京打線にそこを狙われたのである。

先頭打者にヒットを打たれ、無死一塁で、中京商業はおきまりのバンドをした。ところがこのボールを処理すべき二塁手の川原が、二塁ベースカバーに入っていた隙を突かれ、無死一、三塁とされ、次の打者を仕留めたものの、呉自身の暴投によって二人が帰り、二点取られて四対〇となった。

呉の暴投を見ていた兵太郎は、ダッグアウトに帰ってきた呉を呼ぶと「十分投げてきた。劉に代わってもらった方が良いのではないか？　無理しなくても良い」と言った。

呉明捷が応える。

「監督、最後まで投げさせてください。もう甲子園に来ることはないのですから、最後までお願いします」

呉は来年には卒業していなくなるので、嘉義農林の選手としてマウンドに立つのはこの試合が最後であった。

考えていた兵太郎は、一言「わかった。最後まで投げろ」と言い切った。

これを聞いていた中堅の蘇が言う。

「アキラ、打たせろ。打たせてアウトにすればよい。飛んできた球はみんなが取る。みんなを信じて投げろ」

アキラとは呉明捷の愛称である。

五回以後、呉明捷は打たせて捕る方法に切り替えた。ヒットは打たれるものの、守りが堅く連打を許さず、八回を無失点で抑えることができた。

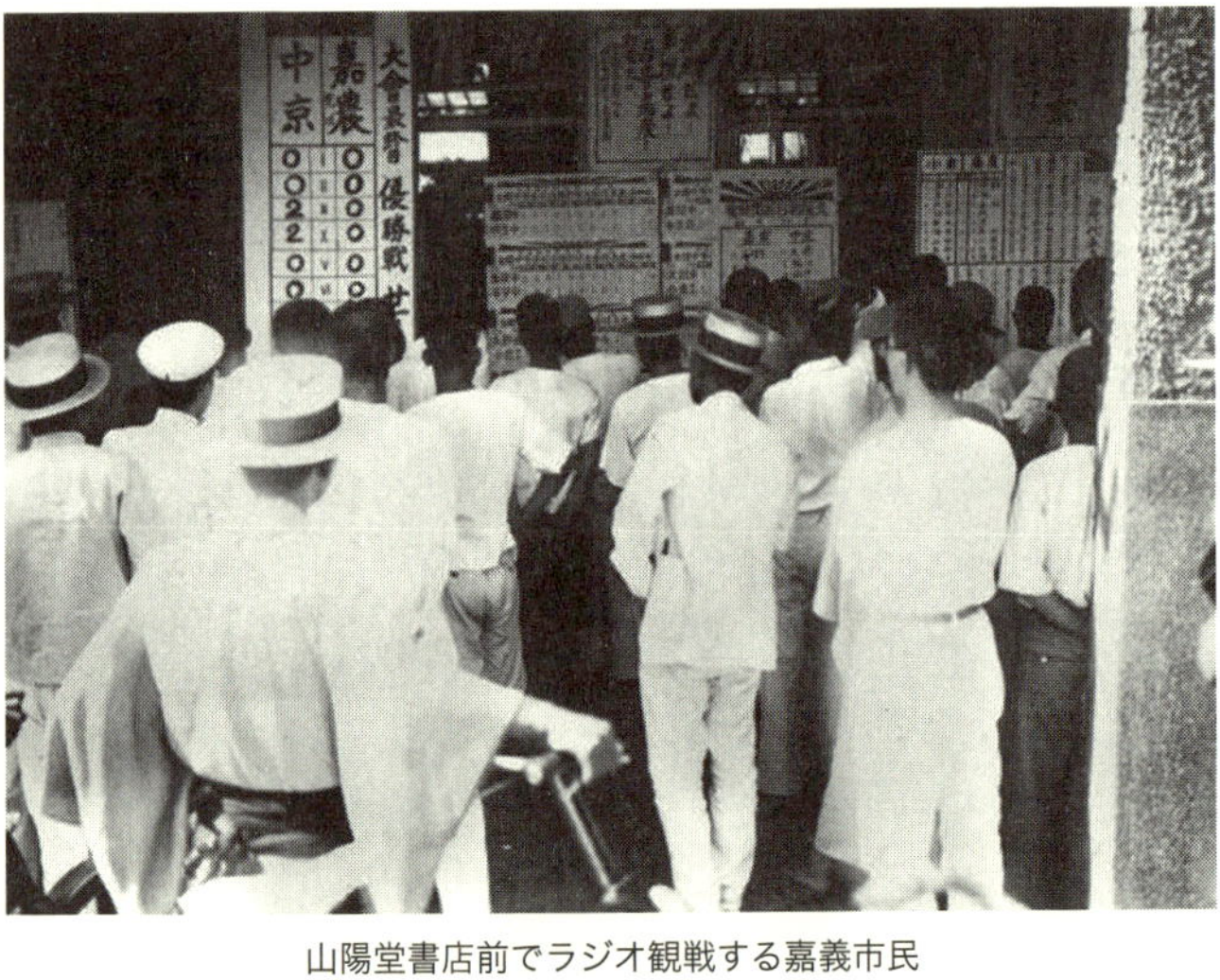

山陽堂書店前でラジオ観戦する嘉義市民

嘉義では噴水池の前で日本人が経営する山陽堂書店前に、多くの市民が集まっていた。この書店にはラジオがあり、ラジオから流れてくる試合状況をマイクを通して大きなスピーカーから流していたのである。壁には紙で作ったスコアボードが貼り付けられ、墨で得点が書き加えられていた。選手たちの活躍を聞き漏らさないようにしようと椅子を持ち出して座り込み、一喜一憂して歓声を上げるのである。この状況は一回戦の神奈川商工との対戦時から行われており、勝ち進むにつれて市民は熱狂し、決勝戦の時には噴水池の周りの広場が見えなくなるほど人だかりができていた。

甲子園では、嘉農による最後の攻撃が始まっていた。すると、スタンドの観衆が声を上げて叫び始めた。胸の「KANO」の文字を見て「カノウ」「カノウ」の大合唱である。この声援は、アナウンサーのマイクを通して嘉義にも届いた。嘉義の群衆もそれに合わせて「カノウ」「カノウ」と大合唱を始めた。

しかし、「カノウ」の声援にもかかわらず、嘉農の打撃が奮わず、吉田投手の前に沈黙し、試合は終わった。四対〇の完封負けであった。

呉明捷は四死球を八も出し、十一本の安打を許し、奪三振はゼロであった。これに対し、吉田投手は四死球一、許した安打は六で、奪三振は九であった。右手人差し指の怪我があったとはいえ、吉田投手は、呉明捷を完全に凌駕していた。

第十七回全国中等学校優勝野球大会は、初出場の中京商業の優勝で幕を閉じた。この後、中京商業は、吉田正男投手を擁して甲子園大会に連続出場し、三年連続優勝旗を手にすることになる。この記録は、今日までどの学校にも破られていない快挙である。

翌日、全国紙が嘉農の健闘を大きく報道し、一紙は「天下の嘉農」と讃えた。嘉農がナンバーワンという意味である。

試合後、新聞記者が嘉農の近藤兵太郎監督にインタビューをした。

「それにしても選手たちのスタミナはすごかったですね。甲子園まで四日の長旅と、この暑さによく耐えましたね」

兵太郎は淡々と応えた。

「それは、大したことじゃありません。何しろ部員は午後二時間の農業実習で汗をかいてから、日が暮れるまで練習しているのですから、むしろ回ごとに休憩がある試合の方が楽だったでしょう。暑さなんて問題じゃない。熱帯の嘉義はもっと暑いですから。選手の中には甲子園は涼しいなんて冗談半分に言っていたのがいましたよ」

兵太郎は一息つくと、急に真剣な表情になって続けて話し出した。

「嘉農の野球部は台北のチームとは違う。台北のチームは全員が台湾在住の政府関係者や会社員の日本人の子弟であるのに対し、嘉農は日本人、台湾人、原住民の三者が渾然一体になったチームで、単に南部が台北より強くなったというだけではないのですよ。私はチームに三者一体の嘉農精神を教えています。親が誰かなんて関係ありません」

記者たちが三種族の混成チームについての質問をすることを察して、無口な兵太郎が釘を刺したのである。

当時、小説家として名をあげていた菊池寛は、翌二十二日の朝刊に嘉義農林について書いた。「涙ぐましい　三民族の協調」と題する観戦記である。

「僕はラジオを通して甲子園の野球は放送される限り聴いている。しかしラジオで聴く野球は気楽だが実際に見る野球は、刺激が多く気苦労である。ラジオではユニホームの汚れや選手の額を流れ落ちる汗などは目につかない。（中略）僕は嘉義農林が神奈川商工と戦ったときから嘉義びいきになった。内地人、本島人、高砂族という変わった人種が同じ目的のために協同し努力しておるということが、何となく涙ぐましい感じを起こさせる。実際甲子園に来てみるとファンの大部分は嘉義びいきだ。優勝旗が中京に授与された時と同じくらいの拍手が嘉義に賞品が授与される時に起こったのでわかる。ラジオで聴いているとどんなドウモウな連中かと思うと決してそうでない。皆好個の青年である。そして初めて内地に来て戦っているせいか何となく遠慮深いところがあるようだった。（後略）」

嘉農チームは、帰国前に大阪に出て、清水寺や大阪城を見学して過ごした。神戸では大和丸に乗り込んだ。大和丸は近海郵船の船で、総トン数が九七五〇トンもあり、蓬莱丸より一回り大きかった。

嘉義に帰ると、地元はその凱旋を熱狂して迎えた。それまで八回行われた全島中等学校野球大会では台北一中、台北商業など台北代表が甲子園に出場してきたので、南部から初めて嘉農が台湾代表になったことで地元は興奮に包まれた。

その上、初陣で甲子園大会の決勝戦まで進出した嘉農チームを、大群衆が歓迎した。全島中等学校野球大会で優勝したとき以上の歓迎ぶりである。

「天下の嘉農」、「天下の嘉農」と大合唱があたりに響き渡った。嘉義市民にとって嘉農チームは甲子園では二番であったが、嘉義市民の心の中では準優勝以上、一番だったのである。

嘉義農林が初出場で準優勝し、盾を台湾に持ち帰ったことは、嘉義だけでなく台湾全土に自信と誇りを持たせた。台湾は決して内地に負けてはいないという誇りである。

嘉義農林学校前での準優勝記念写真

第八章　「天下の嘉農」

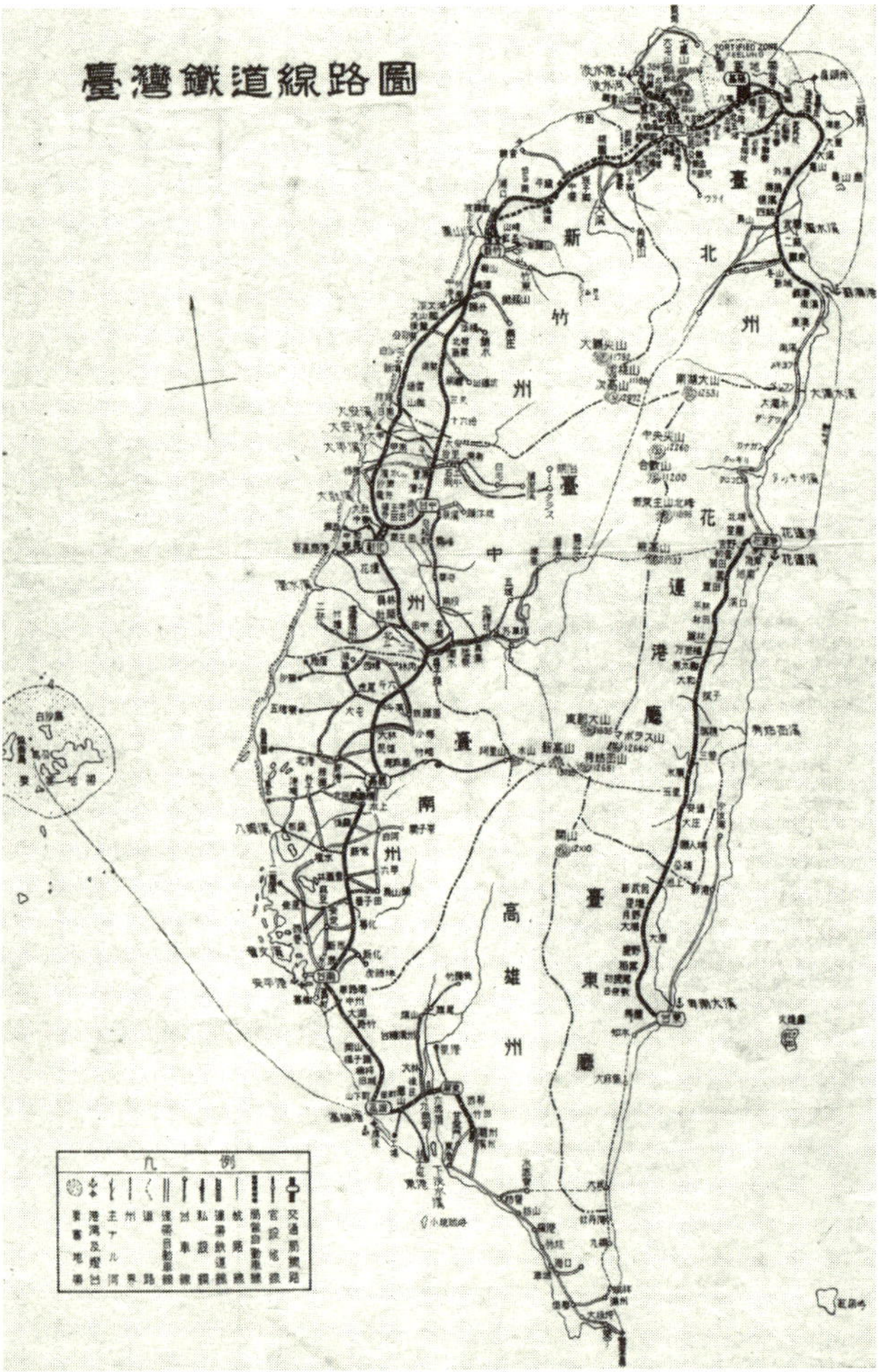

台湾鉄道線路図

嘉義農林の選手以下十八名が嘉義に帰ってきてまもない九月十八日、奉天（現在の瀋陽）郊外の柳条湖付近の南満州鉄道線路上で爆発が起きた。これがいわゆる柳条湖事件であり、関東軍が仕掛けた事件で、後の満州国建設へとつながる発端となった。

満州で関東軍が独断専行していたが、台湾は静かであった。兵太郎はこれまで通り嘉義商工補修学校で授業をし、午後四時になると学校を出て嘉義公園グラウンドへ行き、嘉義農林野球部の指導をした。

十二月二十九日には、冬休みを利用してやってきた小倉工業と交流試合を行い、年が明けた一月三日にも来台してきた和歌山商業と試合をした。

三月は別れの季節である。嘉義農林でも卒業式が行われ、呉明捷、上松耕一、真山卯一、蘇正生の四人が卒業していった。

呉明捷は明治四十五年（一九一二）、台湾北西部の苗栗《びょうりつ》で生まれた客家人である。家庭は裕福であり、苗栗公学校高等科二年を卒業すると嘉義農林学校に入学した。最初はテニス部の選手だったが、野球部ができると公学校で野球をしていたこともあり、直ちに野球部に入った。

やがて近藤兵太郎監督のもとで鍛えられ、昭和六年には主将兼エースの四番バッターになり、全島中等学校野球大会で活躍して優勝した。甲子園では全試合を投げ抜き、また打撃でも四番バッターとして打率四割一分二厘という好成績を残した。

卒業後は病気のため一年遅れて早稲田大学に進学し、野球部に入った。肩を痛めたため一塁手に転向。強打者として活躍し、昭和十一年首位打者賞獲得。昭和十三年にはホームラン七本を打ち、リーグタイ記録を打ち立てた。この記録は、昭和三十二年、立教大学の長嶋茂雄が八本のホームランを打つまで破られなかった。

呉明捷は、兵太郎を「先生」「先生」と慕い、卒業後も訪ねてきては一緒に写真に収まっている。昭和十四年、大学を卒業すると台湾拓殖会社東京本社に就職し、プロ野球界に身を置くことはなかった。

早稲田大学時代の呉明捷

東京で暮らした呉明捷は、日本人と結婚し、子どもにも恵まれた。弟の呉漢が海軍航空隊に志願し、インドシナにおいて戦死したため、一人息子になった呉明捷は、親から台湾に帰らないように告げられ、台湾に帰ることはなかった。三男一女の子どもには日本国籍を取らせたが、本人は台湾籍のままで、昭和五十八年に東京の自宅で亡くなった。七十一歳であった。

現在、呉明捷の投球ホームの銅像が、嘉義の噴水池に設置されている。

上松耕一は原住民族ピューマ族の出身で、本名はアジマツといった。日本統治時代には本名に近い発音の「あげまつ」と名乗っていたが、戦後、国民党が台湾を接収、統治してからは陳耕元と名乗った。

明治三八年（一九〇五）台東庁に生まれ、大正十年、十六歳で卑南《ひなん》公学校に入学し、台東公学校高等科で学んでいたとき勧誘されて野球部に入ったのが、野球との出合いであった。

学生姿の上松耕一

その後、嘉義農林に入学し、野球部に入部。近藤監督のもとで三番の遊撃手として鍛えられた。昭和六年の甲子園大会では年齢制限がなかったため、五年生二十六歳で出場し、最年長の選手として注目された。昭和七年に嘉義農林を卒業すると、蘇正生とともに横浜専門学校に進学し、野球部で活躍した。

卒業後は台湾に戻り、自動車会社に勤務した後、嘉義農林の教員となって野球部のコーチを務めた。

台湾に帰った後、漢人の富豪の娘である蔡昭昭と恋愛したが、蔡一族が原住民族との結婚に反対した。しかし二人の仲を引き裂くことはできず、嘉義神社において結婚式を挙げた。

この話は、司馬遼太郎の「街道をゆく、台湾紀行」の「千金の小姐」に取り上げられている。台湾語を話す蔡小姐とピューマ族の言葉を話すアジマツは、ともに言葉がわからないため、二人は終生日本語を使って会話したという。

戦後は故郷の台東農業学校の校長をしていたが、交通事故により急逝した。五十三歳であった。次男の陳建年氏は原住民族で初めて台東県長になり、孫娘の陳榮さんは国会議員となっている。

真山卯一は明治四十一年（一九〇八）台東庁の生まれで、原住民族アミ族出身であった。本名をマヤウという。日本名は「元禄忠臣蔵」を著した真山青果にちなみ、「マヤウ」の音が真山と近いことから自分で名付けたという。戦後は拓弘山と名乗った。

盗塁の名手だった真山卯一は、昭和二年（一九二七）に嘉義農林に入学した。もともとマラソン選手だったが、翌年野球部ができると、その脚力を見込まれて初代の部員になった。

学生姿の真山卯一

昭和六年の全島中等学校野球大会では五年生で出場し、台北商業との決勝戦では一点リードの延長十回表、台湾野球史上初とされる本盗（ホームスチール）に成功。貴重な追加点を得て嘉義農林を初の全島優勝に導いた。甲子園でも走塁や守備で俊足を発揮したため、当時の新聞にも筋斗雲《きんとうん》に乗ったマンガ挿絵が掲載されたほどであった。

卒業後は故郷の台東に戻り、公学校の教員となった。戦後すぐ小学校の校長を務めたが、やがて中国語（北京語）があまり話せないことを理由に、自ら職を辞した。その後、上松耕一が校長をしていた台東農業学校に教員として招かれ、上松とともに野球選手を育成し、のちに陸上十種競技の五輪メダリストとなる「アジアの鉄人」こと楊伝広《ようでんこう》を見出して育てた。

退職後は、米どころとして有名な台東県池上郷で農作業をするかたわら、教会の牧師も務めた。熱心なクリスチャンで、よくオートバイで布教に出かけたという。平成十七年、九十五歳で亡くなった。

蘇正生は漢人で、大正元年（一九一二）嘉義庁に生まれ、大庄公学校高等科二年を卒業し、昭和二年に嘉義農林に入学した。

嘉農ではテニス部員だったが、三年生の時、近藤兵太郎に強肩と俊足を見込まれて野球部に引き抜かれた。甲子園出場時は五年生で二番、中堅手として出場した。外野から中継なしでバックホームできる肩の持ち主で、四試合で三盗塁を記録し、対札幌商戦では二回裏、中堅左にライナー性の三塁打を放った。この時の飛距離は、アジア人で最も遠くへ打った選手として記録された。

昭和七年に嘉義農林を卒業後、上松とともに横浜専門学校（現・神奈川大学）へ入学し、野球部の主力選手となる。卒業はしないで三年後に台湾に戻り、台南州庁などに勤務して社会人野球を続けた。台南州連合チーム「台南州団」の選手となって、戦前の都市対抗野球大会では台湾代表として後楽園球場にも出場した。

戦後は故郷の台南県東山郷の郷公所に勤め、少年野球などで後進の育成にあたった。晩年、忘れられていた嘉義農林が再び注目されるようになってからは、嘉義農林野球部の「語り部」や初代メンバーとして「台湾野球界の国宝」と呼ばれたが、平成二十年に九十六歳で亡くなった。

昭和六年に嘉農が台湾に持ち帰った甲子園の準優勝盾は、戦後紛失してしまったが、日台の関係者の尽力で平成八年に復刻が実現した。大阪の日本高校野球連盟本部でチームを代表して盾を受け取った八十四歳の蘇は、感極まって涙を流したという。二年後の第八十回記念大会に甲子園に招かれた蘇たちは、この盾を抱いて愛媛県松山市を訪れ、近藤兵太郎監督の墓前に報告している。

近藤監督にとっては、エースの呉明捷と打撃の蘇正生、それに足の速い真山卯一、足が速く俊敏な動きで

近藤監督と蘇正生の銅像

ボールをさばく上松耕一が抜けていなくなることは打撃であった。特に上松は、選手の中で最も年長者でありながら、それを感じさせない懐が深い人格の持ち主で、チームのムードづくりにも大きな役割を果たしていた。守備に最も力を入れていた兵太郎にとって、投手、遊撃手、三塁手、中堅手を新しくしなくてはいけないことは致命的であった。この四選手が抜けた穴を埋めなくてはいけないが、この選手と同等な能力を育成することは簡単ではないと思っていた。

甲子園大会経験者で残っているのは、選手ではアミ族出身の左翼手平野保郎、同じくアミ族出身で捕手の東和一、日本人の一塁手小里初雄、二塁手の川原信男、右翼を守った福島又男だけである。そこで兵太郎は、補欠であった劉創麟と崎山敏雄を加え、さらに新しく吉川武揚、丁光輝、呉波、今久留主淳を登用してレギュラーにした。補欠には二塁手だった川原信男、右翼を守った福島又男を下げて、新たに木村靖、杉田健、谷井公好を加えた。

呉波は、大正五年（一九一六）六月二十八日、台南庁で生まれた。昭和六年に嘉義農林に入部すると、ずば抜けた運動能力を発揮。陸上界からの誘いもあったが、小里の勧めもあり、野球を始めたという。身長は百六十七センチと小柄だったものの、強肩の持ち主で足が速く、盗塁が得意で打撃の勘も良い。しかも兵太郎と同じ左投げ左打ちであったため、二年生ではあったが正選手として起用し、肩が強いので外野手兼投手として登用した。その結果、昭和八年、昭和十年の春・夏、昭和十一年と、計四回甲子園に出場し、嘉農の第二期黄金時代を築いた。

昭和十二年に嘉義農林を卒業して東京巨人軍に入団。首位打者、最高殊勲選手（ＭＶＰ）となり、昭和十九年には阪神軍に移籍して盗塁王を獲得。打撃力に加え、強肩と俊足で人気を博し、「人間機関車」の異名をとった。

戦局悪化でプロ野球が中止になった昭和二十年には、阪神電鉄の農業部に配属され、甲子園球場のグラウンドに芋畑を作っていたという逸話もある。プロ野球が復活すると、今度は投手となって戦後初のノーヒットノーランを達成。二リーグ制となった昭和二十五年には日本シリーズ第一号本塁打を放った。なお、同年呉波が記録した「十六試合連続得点」が破られたのは、半世紀後の平成十三年（二〇〇一）のことである。

昭和三十二年に現役を引退するが、プロ野球実働二十年というのもそれまで前例がなかった。呉波はプロ入りから昭和十七年（一九四二）までは本名の呉波を、その後日本に帰化し、石井昌征に改名したが、登録名は呉昌征とした。昭和六十二年に七十歳で亡くなり、平成七年には台湾人として初の野球殿堂入りを果たした。

呉波の能力を見抜いて、積極的に登用した兵太郎の目は鋭い。選手の潜在的な能力を見抜き、育てていく兵太郎の力は大きかった。

昭和七年七月十六日から三日間の予定で、第十回全島中等学校野球大会が開催された。甲子園大会の予選を兼ねていたため、新聞は嘉義農林が優勢であると報じた。大会は昨年と同じく台北公園円山野球場で開催され、嘉義農林も参加した。一回戦は台南一中とぶつかり、打撃戦になったが、二十四対十三で勝った。二回戦は隣の嘉義中学と対戦し、ピッチャーの平野の好投もあって八対五で勝ったものの、優勝戦では前評判の高かった高雄中学と対戦し、平野が打ち込まれて十四対六という大差で負けた。

選手は落ち込んだが、兵太郎は仕方ないと思っていた。主力選手が四人も抜けた穴を早々に埋めることはできないと思っていた。しかし、来年は今年の負けを経験した選手が悔しさをバネに猛練習をして、良い結果を残すだろうことは経験からわかっていた。嘉農精神は、絶対諦めない精神の代名詞であった

嘉義に帰ってひと月あまりたったとき、次男の宏明が病気にかかり、看護の甲斐なく死亡した。新しく北門町から賑やかな栄町に引っ越して半年もたたない時期であった。葬儀を済ませた兵太郎は八月八日に死亡届を提出した。

年が明けた昭和八年（一九三三）から、春の甲子園での選抜大会に出場するための予選が、第一回全島中等野球選抜野球大会と銘打って元旦から五日まで行われることになり、嘉義農林も出場することになっていた。

今回は補欠に下げていた福島と川原を入れ、甲子園経験者五人の上に吉川武揚、呉波、今久留主淳、高木光男、崎山敏雄を加えて、挑戦することにした。その結果、川原が打撃率五割、崎山が四割四分四厘と驚くべき打率を上げたが、他の部員が貧打で連打が出ず、台北工業に初戦で負けた。敗者

復活で勝ち上がったものの、結果は準優勝に終わった。

この試合を最後に、東和一と小里初雄が卒業していなくなった。甲子園を経験した原住民族は平野保郎だけになってしまった。

嘉義農林の第一期黄金時代を築いたバッテリーである捕手の東和一は、原住民族のアミ族で、本名はラワイといった。戦後は藍徳和と名を改めている。

明治三十九年（一九〇六）に台東庁に生まれ、上松と同じく台東公学校から嘉義農林に入学した。甲子園出場時は四年生で二十五歳であった。

卒業後は、故郷の台東庁馬蘭公学校で教諭心得として児童の教育に当たった。昭和十四年に加路蘭公学校の訓導に昇進し、終戦まで勤務した。戦後は直ちに小学校の校長となり、野球部を創設した。しかし七年も務めたのち、「事務が繁雑で任に耐えない」として自ら校長の職を辞すと、県内の別の小学校の一教員となった。昭和三十四年に退職してからは台東県内の野球大会の審判を務め、昭和五十五年に七十四歳で亡くなっている。

実弟の東公文も兄に続いて嘉義農林野球部に入り、エースとして昭和十年と翌十一年の夏の甲子園大会に出場した。地を這うような独特のアンダースローで「怪球投手」の異名を取り、観衆を沸かせ

捕手の東和一選手

た人物である。

小里初雄は、大正三年（一九一四）に台湾で生まれた日本人で、父親は運送業を営んでいた。当時台湾生まれの日本人は、湾生と呼ばれていた。嘉義農林に野球部ができた昭和三年に入学し、甲子園に出場したときは四年生で十七歳だった。甲子園に行く選手はすべてが台湾生まれであったため、日本内地のことは誰も知らなかった。そのため、興奮した小里は愛用のファーストミットを忘れたまま船に乗り、甲子園に行ってしまったという逸話が残っている。甲子園では一塁を守り、二塁の川原信男、右翼の福島又男とともに日本人による鉄壁のトライアングルを形成していた。

一塁手の小里初雄

嘉義農林を卒業後、台湾総督府専売局に勤務し、生まれ育った台湾が好きで「台湾に骨を埋める」というのが口癖だった。しかし敗戦で日本人は帰国を余儀なくされ、引き揚げにあたって携帯が許されたのは、一人あたり現金千円とリュックサック二袋分の必需品だけであったため、裕福だった小里家も「一文なし」になって茨城県水戸市に引き揚げている。その後は専売公社に勤め、結婚して子どもにも恵まれた。昭和六十三年（一九八八）、東和一と同じ七十四歳で亡くなった。

甲子園で準優勝して二年目、嘉義市民は嘉義農林のあの活躍を期待し、嘉義公園グラウンドに練習のようすを見にくるファンが増えていった。「天下の嘉農」の再現を望んだのである。ファンが多くなると、選手の練習にも力が入った。

野球に熱中していた時期、日本は満州事件に端を発した一連の出来事を批判され、国際的に孤立し、三月には国際連盟を脱退表明をするという事態に陥っていた。

四月になると、これまで助教諭だった兵太郎の肩書が教諭に昇進し、給料も増えた。七月には甲子園行きの予選である第十一回全島中等学校野球大会が開催された。選抜大会で勝てなかった分を取り返し、嘉義市民の応援に応えたいと兵太郎は考えた。

七月十四日、十六日、二十二日、二十三日が嘉義農林が試合をした日である。試合には、平野保郎、福島又男、川原信男、崎山敏雄、吉川武揚、今久留主淳、杉田健、呉波、高木光男を正選手にして台北に乗り込んだ。

初戦は台南一中に八対七で敗れた。これまで敗れたことがなかった台南一中に敗れて落ち込んでいた選手に、兵太郎は檄を飛ばした。

「心配するな、うちの部以上に厳しい練習をしてきたチームはない。最後の一球一打まで諦めないことだ。辛かった練習を思い出し、敗者復活で勝ち続ければ、甲子園にまた行けるぞ」

選手は元気づいた。二回戦では昨年負けていた高雄中学を十二対四で下した。十七日に兵太郎は四十五歳の誕生日を迎えた。その上、妊娠中だったカナヱが十九日に栄町三丁目五十四番地の自宅で、四女を出産したという電話を受け取った。

兵太郎の誕生日と出産という慶事に、幸先が良いと選手がともに喜んだ。三試合目は二十二日に隣の学校である嘉義中学と対戦して九対五で破り、最後は台南一中と優勝をかけて再度対戦し、九対一で破り、甲子園大会行きの切符を再び手にした。

嘉義に帰った兵太郎は、生まれた女児は明宏の生まれ変わりだと言って喜び、芊子と名付けて届けた。だが、全島大会で優勝はできたものの、今のチームが甲子園でどれだけ通用するか、不安を持っていた。

第十九回全国中等学校優勝野球大会が八月十四日から開催され、嘉義農林は十六日に愛媛県の松山中学と対戦した。松山中学は夏目漱石が英語教師として赴任し、松山中学を舞台にした小説「坊っちゃん」で有名になっていた。それに、愛媛県で最初に野球部が創られた文武両道の進学校であった。

嘉義農林の選手は全島大会の時と同じ顔ぶれで、補欠には木村靖、張萬居、揚元雄、有馬純高、黒脇丸二男を選んだ。投手は平野、捕手は川原を起用した。

試合は恐れていた通り、悲惨な結果に終わった。十対一の大差で敗北したのである。兵太郎は、嘉農の戦力が思った以上に弱いことを知った。というより、周りのチームの野球に対する知識や技術が進んでいたのである。目先のことより、先を見据えた選手の育成を考える必要があると思うようになった。

平野保郎選手

この試合を最後に、投手の平野保郎、捕手の川原信男、それに左翼を守っていた福島又男がチームから抜けた。卒業するのである。これで、甲子園で準優勝したときの選手は一人もいなくなった。

平野保郎は台湾原住民で、本名をポロという。日本名は嘉義農林に入学してから付けたもので、戦後は羅保農という漢字名を名乗った。

明治四十一年台東庁に生まれ、昭和四年に嘉義農林に入学した。昭和六年の甲子園出場時は三年生で、俊足巧打の一番打者として、四試合で打率五割三分（十五打数八安打）、四盗塁という優れた成績を残している。対札幌商戦で二回裏に放った左翼越えの本塁打は、嘉義農林が甲子園で放った唯一の本塁打である。そしてこれが、台湾代表校としては甲子園通算六号目にして最後のホームランとなった。

エースの呉明捷が卒業したのち外野手から投手に転じ、五年生の時に二度目の甲子園出場を果たしている。嘉義農林を卒業後、故郷に戻り、台東農業試験所に就職。台湾東部の野球の発展に尽力したが、昭和五十七年（一九八二）に亡くなった。七十四歳であった。

福島又男選手

福島又男は、ファーストの小里、セカンドの川原とともに守備における「鉄壁のトライアングル」の一翼を担った。台湾生まれの日本人である。

昭和六年に嘉義農林が彗星のごとく甲子園に現れたときは、打撃もさることながらとにかくよく走るチームだと評判になり、その「物凄い走塁」が観客を沸かせた。福島も積極的に塁上を駆けて、四試合で三盗塁を記録した。野球専門の月刊誌「野球界」では、真山、蘇、平野と並んで「素晴らしい脚力」と評されている。五年生になった昭和八年には、平野、川原、呉波とともに二度目の甲子園に出場し、左翼手を務めた。嘉義農林を卒業後は、台南州内務部勧業課に勤務し、月俸四十円をもらっている。昭和十四年には技手に昇進し、昭和十六年には台南州産業部農林課に移動した。十九年には台南州虎尾郡役所勧業課へ転属になった後、出征。川原同様、南洋において戦死した。

川原信男（左端）卒業後の家族写真

川原信男は大正六年（一九一七）に台北で生まれた湾生である。父親の義男は鹿児島県出身の水利関係の技術者で、四男三女の子どもに恵まれた。長男だった信男は小学校時代から野球をしており、六年生の時は台北の少年野球大会で優勝をしている。小学校を卒業すると十二歳で親元を離れて嘉義農林に入学し、寮生活を送った。甲子園に出場したのは三年生の十四歳の時で、巨漢揃いの嘉農の中では小さく「マメさん選手」とスポーツ誌に書かれたりした。

しかし初戦の神奈川商工との試合では、両チーム無得点で迎えた七回表に二塁の頭上を抜くタイムリーを放ち、嘉義農林が二点を先取。「勝敗を決した川原の適時安打」が、その後の勝利への道筋をつけた。

昭和八年には主将を務め、二度目の甲子園出場を果たす。このときはキャッチャーで、平野とバッテリーを組んだが、残念ながら一回戦で松山中学に負け、敗退した。学校を十七歳で卒業し、昭和十一年に営林署嘉義出張所に月俸三十七円で勤めた。太平洋戦争が始まった翌年の昭和十七年には殖産局嘉義山林事務所に勤務し、昭和十九年に出征。昭和二十年五月、フィリピンのセブ島で戦死した。二十八歳の若さだった。自慢の息子だった信男の戦死を知った両親は、ひどく落ち込み、その落胆ぶりは尋常でなかったという。

兵太郎は二年計画を立て、基礎から鍛え直すことにした。新しいチーム作りを行い、二年後の昭和十年の甲子園行きを考えたのである。

昭和九年一月下旬に行われた第二回全島中等学校選抜野球大会も、七月に行われた第十二回全島中等学校野球大会ともに準優勝に終わり、甲子園に行くことはできなかった。しかし新しいチームが実力を付け、完成度を上げている実感をつかんだ兵太郎は、次年度に勝負をかけた。

選手構成を毎日のように考えた。守備位置と打撃順をどうするかということである。そして、年末に兵太郎が結論を出した。十四人のメンバー表を作り、寮に張り出したのである。

投手	呉　波	漢人
捕手	今久留主淳	日本人
一塁手	草野武彦	日本人
二塁手	日高岩男	日本人
三塁手	高木光夫	日本人
右翼手	兒玉　玄	日本人
中堅手	木村　靖	日本人
左翼手	杉田　健	日本人
遊撃手	吉川武揚	原住民族

補欠　脇黒丸二男、戸田大介、谷一、奥田元、林　其祥

昭和十年（一九三五）新しい年が明けた。一月二日から四日にかけて第三回全島中等学校選抜野球大会が行われ、台南一中を十三対一の大差で破って優勝した。

三月末には甲子園に乗り込み、第十二回全国中等学校選抜優勝野球大会に出場したが、浦和中学に十二対七で初戦敗北を期した。

七月に入ると甲子園出場をかけた第十三回全島中等学校野球大会が迫ってきた。十四日から二十三日までを試合期間としたが、参加校が多くなったため、台北の円山公園野球場だけでは試合を消化できない。そこで、北部、中部、南部に分けてリーグ戦方式で地方大会を行い、その勝者が台北でリーグ戦を行い、二勝したチームが台湾代表として甲子園に出場できる方式になった。

リーグ方式は試合数が増えるため、投手の負担が重くなると考えた兵太郎は、呉波に代えて若手の東を起用し、呉波を左翼に持っていくという布陣に変えた。

投手	東　公文	四番	原住民族（東和一の実弟）
捕手	今久留主淳	五番	日本人
一塁手	杉田　健	七番	日本人
二塁手	日高岩男	八番	日本人
三塁手	高木光夫	六番	日本人
右翼手	兒玉　玄	九番	日本人
中堅手	木村　靖	二番	日本人

左翼手　呉　波　　　　　一番　漢人
遊撃手　吉川武揚　　　　三番　原住民族
補欠　脇黒丸二男、戸田大介、谷一、河野博（全員日本人）

その結果、北部では台北商業が、南部では高雄中学が勝ち上がってきた。むろん嘉義農林も台中商業、台中二中、嘉義中学をすべて破り、台北へ向かった。台北では高雄中を七対〇で、台北商業を七対四で破り、三度目の甲子園球場への切符を手にした。兵太郎は、選手の起用がうまくいったと内心思った。甲子園もこの布陣で臨むことにした。

第二十一回全国中等学校優勝野球大会は、八月十三日から二十一日の九日間の予定で行われることになり、浜田部長と近藤監督が十三名の選手と三名の助手を入れ、十八名の陣容で甲子園に向かった。

抽選の結果、嘉義農林は二回戦に平安中学と対戦することに決まった。この大会には松山商業が四国代表として参加していた。しかも、監督は教え子の森茂雄であった。これまで部長兼監督をしていた鞍懸先生は栄転して、松尾一徳教諭が部長になっていた。兵太郎は「このままお互いに勝ち進むと、準々決勝で対戦することになる」と話し、森監督と久しぶりの再会を喜び合った。

松山商業は海草中と対戦し、これを三対〇で完封して三回戦にコマを進めた。一方、嘉義農林も平安中を四対一で破り、ともにベスト8になった。森監督と話した師弟対決が現実になったのである。松商野球部育ての親であった近藤兵太郎が監督する嘉義農林と、その兵太郎に指導を受けた森茂雄が監督する松商とが対戦するのだから、中等学校野球ファンは非常に球趣をそそられ、興奮気味であった。

試合は松山商業の先攻で始まった。一回表、松山商業は亀井が左翼前にヒットを打つと、筒井（良）がバントをし、これを投手の東が一塁手の杉田に投げたところ、杉田が落球して両者が生き、一、二塁となった。続く伊賀上がバントをしたところ今度は投手の東が三塁へ悪投したため、一気に二者が生還して早くも二対〇と先攻されてしまった。一方、嘉義は二回裏に杉田がスクイズを成功させて一点を取り返し、四回裏には松山商業の中山投手がワイルドピッチなどをしたため、一点を追加して同点となった。さらに嘉義農林は五回裏、エラーで出塁した二走者が今久留主のスクイズにより生還し、二点を追加して四対二と逆に二点リードした。

これを追う松商は八回表、田村が打ったゴロを三塁の高木がエラーしたため生き、続く亀井の一塁線バントが内野安打となり、無死一、二塁になった。筒井（良）のバントを今久留主が捕り、一死一、二塁とした。しかし伊賀上が二塁強襲のヒットを打ち、一死満塁にされてしまった。続く筒井（修）の二塁手頭上を抜く安打により、田村、亀井が還って四対四の同点とされた。

実力伯仲の試合に観衆は息をのみ、両チームが点を入れたりファインプレーをするたびに、歓声を上げた。

嘉義農林は九回裏に絶好のチャンスを迎える。先頭打者の日高が一塁線上を抜く二塁打を放ち、続く杉田のバントで送られ、三塁へ進む。松商は絶対絶命のピンチに陥った。一点を取られたらサヨナラ負けである。バッターボックスに入ったのは、力投してきた東である。これまで、嘉義農林はスクイズで点を取ってきていた。そこで兵太郎は「初球にスクイズせよ」のサインを送った。兵太郎は迷わなかった。これで勝てると賭けに出たのである。

松山商業の中山投手が投球モーションに入り、一球目を投げた。三塁にいた日高がホームめがけて走った。スクイズである。中山の投げたボールはホームベースを大きく外れ、立ち上がった捕手のミットに収まった。東はスクイズに失敗した。日高は三塁と本塁間に挟まれてアウトになり、サヨナラ勝ちは消えた。スクイズを見破られていたのである。

後日、質問された捕手の筒井（良）は、

「バッターボックスに入った東を見ると、かすかに震えていた。これでスクイズがあると思い、外すよう中山にサインした」

「その通りになって、驚いたものです」と語っている。

ピンチの後にチャンスありの言葉通り、延長十回の表、松山商業は二死走者一、三塁となり、東投手のボークにより、伊賀上が生還して快勝の一点をあげた。

師弟対決は教え子の森茂雄監督が勝利したのである。松山商業はベスト4になり、準決勝では愛知商業を四対〇と完封して勝ち、決勝戦では早稲田実業を破った育英商業を六対一で破って優勝した。

松山商業悲願の全国制覇である。これで春の大会と夏の大会で優勝したことになる松山商業の優勝は、近藤兵太郎の夢でもあった。その優勝が兵太郎の目の前で達成したのである。しかも、その監督が教え子である。

優勝が決まるやいなや、兵太郎は松山商業の控え室に飛んでいき、森監督と抱き合って喜んだという。

試合終了後、両選手は一緒になって甲子園の中等学校優勝野球大会二十年記念碑の前で一緒に記念写真を撮って、お互いの健闘をたたえ合った。

松山商業、嘉義農林の選手たちの合同記念写真

兵太郎は準々決勝で敗れたが、清々しい気持ちで台湾に帰っていく。その後、昭和十一年の夏の大

会にも出場できたが、二回戦で育英商業と対戦し、七対五で敗れた。この年が、嘉義農林が甲子園に出場した最後の年になった。甲子園球場への出場は、春の大会一回、夏の大会四回の計五回を数え、第二の嘉義農林の黄金期は終わろうとしていた。

しかし、嘉義農林が甲子園に出られなかった昭和十二年と十四年には、隣の嘉義中学が甲子園大会に出場し、十二年大会ではベスト8になっている。まさに、嘉義は台湾中等学校野球のメッカとなったのである

嘉義農林が巻き起こした野球熱は台湾全土に広がり、甲子園を目指した競争に拍車がかかる。最も大きかったことは、台湾の子どもたちに夢を与えたことである。原住民族の少年であろうと、漢族の子どもであろうと、頑張って練習すれば頂点を目指せるという夢を与えたことである。この嘉義農林が残した夢は、その後も台湾中の少年を巻き込んで、戦後においても追い求められているのである。

第九章　台湾よ！　さらば

昭和 10 年開催の台湾博覧会ポスター

嘉義農林が春夏ともに甲子園大会に出場した昭和十年（一九三五）は、台湾においては始政四十周年記念博覧会が開催されて活気にあふれ、賑わっていた。しかし、日本内地では翌年の冬に二・二六事件が起きて広田内閣が誕生し、軍部の力が強くなっていく情勢であった。

翌昭和十二年（一九三七）七月七日、当時北支に駐屯していた日本軍の演習中に実弾が二度発射され、日本軍と中国国民党軍が衝突し、盧溝橋事件が勃発する。この事件を発火点にして次第に戦線が拡大し、日本は泥沼の日中戦争へとのめり込んでいった。

第十五回全島中等学校野球大会では、嘉義中が台北商業を七対六で破って甲子園大会初出場という快挙を成し遂げた。甲子園では準々決勝まで進んだため、嘉義市民は嘉義農林と同じような活躍を期待したが、結局ベスト8で終わった。

翌年の昭和十三年（一九三八）には、妻カナヱの父親が二月三日に死去したとの報せを受け取った。カナヱを松山に一時帰国させ、葬儀に参列させた。

一段落した五月に入ると、欧州においてドイツのポーランド侵攻に端を発した第二次世界大戦が始まり、日本でも一触即発の危険な状態になってきた。

兵太郎は嘉義商工専修学校の教諭として五等級の月俸を支給され、不自由のない生活を送っていたが、年齢は五十歳を迎え、定年まであと五年と迫っていた。それでも、これといった趣味のない兵太郎は嘉義農林野球部の指導に熱心に取り組んでいた。

第十六回全島中等学校野球大会では、決勝戦まで進んで台北一中と戦ったが、五対二で破れ、準優勝に終わった。

昭和十四年（一九三九）三月に、兵太郎は総督府から転任の辞令を受け取った。嘉義農林学校の書記に任ずるというもので、判任官四等勲八等に昇進していた。転任といっても長い付き合いのある学校への転勤である。長い間嘉義農林の監督をしていたので、多くの人が嘉義農林の教諭だと思い込んでいるほどだったが、実際は嘉義商工専修学校の教諭であった。今回の異動は教諭としてではなく書記として赴任するため、授業は一切なく、事務官として学校経営の一角を担い、運営並びに管理をするという仕事であったから、時間的には楽であった。

商工専修学校は五学級で職員は六名の小さな学校であったが、嘉義農林は本科十学級で職員は二十九名もいた。当然、待遇が良くなった。

勤務する学校は変わったが、野球部の監督をしている学校への異動であったから、特別転勤という気分にもなれなかった。しかも、野球部の部長をしている浜田次箕教諭を筆頭に、教員たちも皆顔見知りであったから気楽であった。ただ、陸軍中尉の配属将校がいて、軍事教練があることが前任校とは違っていた。配属将校とは、軍事教練実施のため、大正十四年（一九二五）に公布された

昭和13年官服姿の近藤

陸軍現役将校学校配属令により、全国の中等学校以上の学校に配置された日本陸軍の現役将校のことである。野球部員とはこれまで午後四時以降でないと会うことができなかったが、これからは毎日朝から学校や寄宿舎で顔を合わせることができた。

この年、第十七回全島中等学校野球大会では、決勝戦まで勝ち進んだ。相手校が嘉義中であり、隣同士の学校による優勝戦と話題になった。しかし、甲子園行きの切符を手にしたのは嘉義中学で、四対〇という完封負けであった。

転任してしばらくすると、日本の海軍が海南島を占領したというニュースが新聞を賑わせた。台湾の新聞は、大小合わせると五社あった。最も古く発行部数が多いのが台湾日日新報で、台南新報、台湾新聞と続き、この三社が台湾三大新聞といわれていた。

昭和十五年（一九四〇）になると日独伊三国同盟を結び、枢軸国と連合国の対立がいやが上にも深まり、危険な状態になっていた。

兵太郎は五十二歳になっていた。年齢のこともあって若い指導者を育成する必要を感じ、嘉義農林野球部の監督はこの年を最後にしようと決めていた。七月の第十八回全島中等学校野球大会では台北一中が優勝し、二年ぶり五度目の甲子園行きを手にしていた。嘉義農林は決勝戦にも残れない成績であった。

兵太郎は決断した。この試合を最後に辞任することにし、嘉義農林野球部を惜しまれながら去った。コーチを二年間、監督を十年間も続けていた。

昭和十六年（一九四一）にも第十八回全島中等教育野球大会は実施され、嘉義中学が優勝し、甲子園に行くことになっていたが、集団による移動禁止令もあって大会は中止を予告され、とりやめとなった。中止になったことを不思議に思っていると、十二月八日、大本営による米英蘭との戦争が告げられた。台湾もまた、戦時体制に組み込まれていくことになった。

これ以降、いわゆる甲子園大会は終戦まで行われなくなった。ただ、昭和十七年には文部省主催による大会が開かれたが、公式大会ではないとして記録上は含まれていない。

翌年の昭和十七年（一九四二）、兵太郎の長男高昌が法政大学に入学するため日本に渡った。十八歳になっていた。

そのような時に衝撃的なことが起きた。嘉南大圳を完成させた八田與一技師が、フィリピンの綿作施設の調査に行く途中、乗船していた大洋丸が沈められ、死亡したというのである。しかも、日本が快進撃をしている最中の五月七日のことである。潜水艦による撃沈であったため、軍は箝口令《かんこうれい》を敷いた。この大洋丸の沈没で、全国から集められた優秀な技術者千人あまりを死亡させたため、南方の占領地帯の開発が二年も遅れたといわれた。

昭和20年4月今久留主 淳

軍はこの惨事をひた隠しにしたが、台湾では八田技師の葬儀が盛大に行われたため、多くの人が知ることとなった。

野球部の教え子たちが軍隊に入る前に、よく兵太郎を訪ねてきて、写真を置いて帰った。その写真のほとんどが、軍服姿の写真であった。台湾中が戦時一色に染められていった。

翌十八年（一九四三）、戦況がますます厳しくなるなかで兵太郎は五十五歳の定年を迎え、三月で退職した。退職後は、戦時中のため生活物資の配給などの仕事をすることになった。

同年三月十九日、大阪商船の高千穂丸が台湾に来る途中、潜水艦によって撃沈され、九月十三日には近海郵船の大和丸が同じく潜水艦の雷撃で沈没し、台湾航路は命がけの危険な航路となっていた。

昭和十九年になると戦局はますます悪くなり、各戦闘地域で玉砕や敗戦が続出するようになったが、正確な報道がなされなかったため、国民の多くは現実が見えなくなっていた。

退職当時の近藤兵太郎

三月には、これまで何かと世話を焼いてくれた津田定治郎が新竹州立新竹中学校を退職したという知らせを受けた。三十三年間の教員生活に終止符を打ったのである。

六月十五日、アメリカ軍がサイパン島に上陸し、七月七日に日本軍玉砕、在住日本人一万人が死亡。六月十九日、マリアナ沖海戦で敗北し、航空戦力と空母・大鳳《たいほう》、翔鶴《しょうかく》を失い、完全に制空権を奪われていた。

七月十八日には東條英機内閣が総辞職し、八月二日にはテニアン島、八月十一日にはグアム島の日本軍が玉砕し、九月十一日にはアメリカ軍がペリリュー島に上陸し、十月十日には沖縄、台湾が空襲を受けて大きな被害を受けていた。

当時、台湾には北部に十六カ所、中部に十カ所、南部に十三カ所、この他にも八カ所の合わせて四十七カ所もの飛行場があった。この中で常駐の飛行場は台中、嘉義、屏東の三カ所であった。十日に爆撃を受けたため、台湾にいた航空機によるアメリカ艦船に対する総攻撃が十二日に開始され、連日台湾東方に向けて飛行機が飛び立っていった。いわゆる台湾沖航空戦である。

当然ながら、アメリカ軍も反撃に出た。十二日には延べ一三七八機、十三日には延べ九四七機が飛来して台湾の軍事基地を攻撃した。十三日には日本側の航空機三八〇機が出撃したが、艦載機と艦砲射撃により未帰還機が二四四機という大敗を期した。

十月二十日にはアメリカ軍が、フィリピン・レイテ島に上陸し、その三日後にレイテ沖海戦が行われ、この戦いで日本の空母、瑞鶴《ずいかく》、瑞鳳《ずいほう》、千歳《ちとせ》、千代田が沈没し、ここに帝国海軍連合艦隊は消滅した。

嘉義には嘉義陸軍飛行場があり、飛行機が常駐していたこともあって十二月にアメリカ軍の空襲を受け、飛行場が大きな被害を受けていた。

昭和二十年四月三日には嘉義市内が空襲に遭い、市街地の大部分が灰燼に帰した。しかし、アメリカ軍は台湾ではなく、沖縄に上陸を開始し始めた。この時から台湾航路は廃止され、日本内地との交通手段がなくなった。しかし、台湾は食糧が豊かな島であり、飢える心配はなかった。

八月六日には広島に、九日には長崎に新型爆弾が投下され、ソ連が中立条約を無視して満州に侵攻を開始、日本は絶体絶命の危機に立たされていた。

八月十五日正午、玉音放送が流れ、兵太郎は日本の敗戦を知った。兵太郎が嘉義農林で鍛え、ともに甲子園に行き、準優勝したときの選手二人が戦死したことを知ったのは終戦の二カ月前のことであった。もう少し早く戦争が終わっていれば、福島も川原も死なずにすんだと悔し涙が出て仕方のない日となった。

兵太郎が玉音放送を聴いたその日の台湾は静かだった。台湾で生活する日本人も台湾人もいつものように生活していた。戦争が終わったことを知る者は少なかった。ましてやこの日を境に、台湾が日本の領土でなくなることなど、日本人はおろか台湾人でさえも考えなかった。日本人が敗戦国民で、台湾人が戦勝国民になったことに気付いた人は、ほとんどいなかった。むしろ、台湾人も日本人と同じように「戦争に負けた」と思い、ともに悲しみ、ともに悔しく思った者が大部分だった。それほど、皇民化運動は台湾人に浸透していたのである。

八月三十日に日本の厚木飛行場に降り立った連合国軍最高司令官ダグラス・マッカーサーは、占領政策として命令第一号を発令した。

日本本土と南朝鮮はアメリカが、満州と北朝鮮はソ連が、中国、台湾の日本軍の武装解除は、蔣介石率いる国民党軍が行うよう命令を発した。この命令に基づいて、国民党軍は台湾の「一時的接収」のため進駐することになった。蔣介石総統は昭和二十年九月一日、陳儀《ちんぎ》を正式に「台湾省主席」に任命した。

翌九月二日には東京湾の戦艦ミズーリー号の甲板において、連合国と日本の降伏調印式が行われ、日本の降伏が確定した。

やがて日がたつにつれ、大陸から蔣介石率いる中華民国軍が台湾接収のためにやってくることが明らかになってくると、ようやく日本人に代わって中国人が台湾の主人になるのだとわかってきた。

台湾では、満州や朝鮮で起きたような日本人に対する仕返しは、ほとんど行われなかった。ただ、中華民国旗が街に現れ、「光復旧山河」と書かれた看板や幕が出現し始め、台湾人は日本の統治から解放された喜びと戦争の終わった喜びを味わった。

戦争が終わった時、台湾には約六百七十万人の台湾人、二十八万五千人の日本民間人がいたほか、無傷の十二万八千余の陸軍と六万二千余の海軍の精鋭がいた。しかも、日本軍には船舶五二五隻、軍用機八八九機、装甲車、高射砲、鉄砲など主用兵器や弾薬、二十万将兵の二年分の装備、軍需品、並びに食糧二百三十一万トンが温存されていた。しかし、台湾にいる日本人がどうなるかは、この時誰にもわからなかった。

一方、中国大陸や満州それに朝鮮では、日本人に対して報復が始まっていた。ソ連は、満州などにいた日本人五十七万人余りをシベリアに強制連行し、収容所に入れて極寒の中で労働させた。このため多くの日本人は、寒さと飢えと病気の中で五万五千人もの人々が死んでいった。

日本の敗戦から国民党軍の台湾上陸までの二カ月間は、台湾総督府の行政が停止状態に陥っていたが、各地域に台湾人による自警団が組織されたため治安は良く、普段通りの生活が行われていた。

しかし、中華民国による台湾接収がどのように行われるのか、台湾人にはわからなかったが、この接収は同じ漢民族である同胞によるものだからと楽観視していた。

蒋介石総統は、十月五日には、台湾占領にあたる先遣部隊八十人とともに葛中将を米軍機で台北に上陸させた。さらに、中華民国台湾駐防第七十軍二万二千人と官吏二百人が三十隻の米軍艦船に分乗して基隆港に上陸し、台北へ進軍を開始した。

日本による植民地支配から解放された台湾人たちは、同じ漢民族である国民党軍を迎えるため、歓喜をもって基隆港に集まっていた。当初、少なからぬ台湾人が台湾の「祖国復帰」を喜び、中国大陸から来た国民党政府の官僚や軍人を港で歓迎しようとしたのである。

かつて日本軍の一糸乱れぬ行軍を見慣れていた台湾人は、基隆へ上陸を始めた国民党軍を見て唖然とした。当時、台湾には台湾防衛のための日本軍将兵と軍属がおり、規律を守り、きびきびと行動していた。台湾人は、その規律ある日本軍を見ていたため、基隆に上陸して来た国民党軍の姿を見て驚いたのである。

異臭を放つ汚れた軍服、軍帽はなく乱れきった髪、やかんを下げた銃剣、みすぼらしい格好で痰や唾を吐きまくる敗残兵のような格好で上陸してきた兵士がいたのである。なかには裸足の者や子どもの兵隊までいた。国民党政権は戦勝国だったが、米軍支援あっての台湾占領で、国民党軍の低い士気や最低の装備を目にした台湾人は、日本軍とのあまりの差に驚き、日本が中国に敗れたとはとても信じられなかった。事実、日本陸軍は中国大陸での戦いでは負けていなかった。

このような国民党軍を目の当たりにした台湾人は、中華民国に接収されることへの不安を禁じ得なかった。

行政長官兼警備総司令官に任命された陳儀は、十月二十四日に米軍機で上海から台北に入った。翌二十五日、台北公会堂で「中国戦区台湾地区降伏式」を行い、式典後、陳儀がラジオ放送で台湾が正式に中国の領土になったという声明を発表した。台湾人の意思にかかわらず、国籍を日本から中華民国に変更するというもので、日本が台湾を領有したときには二年間という国籍選択の時間が与えられ、大陸に帰る者は全財産を持ち帰ることも許されていたが、今回はそれすら認められなかった。

同日「慶祝台湾光復大会」が行われ、祖国復帰を祝った。これ以後、十月二十五日は光復節とされた。この日から台湾人の国籍は「中華民国」となり、台湾人を「本省人《ほんしょうじん》」または「内省人《ないしょうじん》」と称し、中国大陸から新たに渡ってきた人を「外省人《がいしょうじん》」と区別して称するよう決められた。

翌昭和二十一年（一九四六）二月十五日、日本人の台湾引き揚げ命令が発表された。この命令は、台湾に残りたくても許可のない者は残れず、反対に帰国したくても台湾に必要とされた人は留用者として登録され、帰ることができなかった。三月十九日には、留用者の数が家族を入れて三万五千人と決められ、発表された。これまで台湾の行政機関の中枢を日本人が担っていたため、一度に全員を帰国させると台湾の経営ができなくなり、混乱が起きるのは目に見えていた。そのため、各行政機関がきちんと中国人の手によって運営できるようになるまでの間、日本人の協力が必要だったのである。

さらに命令は続く。引き揚げる日本人が持って帰れる財産は、洗面器・コップ・タオル・歯ブラシ・歯磨き・紋帳・コート・上衣・寝間着・帽子・釜・鍋・庖丁・万年筆・鉛筆・筆・インク・時計各一個ずつ、石鹸・毛布・櫛各二個・靴下・サルマタ各三個、それに図書若干などで、一人リュックサック二個十キロまで、現金千円と厳重に決められていた。

しかし、台湾からの引揚者はまだ良かった。中国大陸、特に満州や朝鮮からの引揚者は命からがらの引き揚げであったし、途中で命を落とす日本人も多くいた。

基隆駅に降りた引き揚げを待つ日本人

荷物の持ち帰りを許されるだけで、喜ばなくてはならない状況であった。引揚者の中には、台湾を終の住み処とするために、内地の財産をすべて処分してきていた日本人も多く、台湾で生まれ台湾で育ち、日本内地を知らない世代の日本人も多かった。内地に帰っても、住むところさえない者がほとんどであった。引き揚げてゆく日本人の私有財産は、大陸から来た国民党軍や官僚によって強制的に接収されるため、なかには自分の店や屋敷の不動産を台湾人の名義に変えようとしたり、友人に譲ったりしようとする者もいた。

台湾島内の豊かな物資は、内戦状態の中国大陸に送り込まれるため、島内の物資が不足してきて物価が急激に上昇し、超インフレがやってきた。当然、公務員は職を失って給料も出ず、生活は困窮していった。そのため、命令が出されて二週間後には、早くも引き揚げ第一便が台北を出港した。

陳儀は台湾を中華民国の領土に編入すると同時に、台湾を統治する機関として台湾省行政長官公署を設置した。日本人が営々として築き上げてきた台湾における資産は、台湾総督府に所属した公有産業は言うに及ばず、日本人の私有財産も行政公署の下部組織である「日産処理委員会」によって接収された。これらの財産は公務機関関係が五九三件、企業関係が一、二五九件、個人の財産が四六、九六八件に達し、総額で百十億台湾元にもなった。こうして台湾は中国経済の一部として取り込まれるようになり、日本に輸出されていた砂糖や米はすべて中国大陸向けとなった。しかし、台湾元と中国貨幣間の交換レートを固定レートとし、台湾元を不当に低くしたため、中国から移入した商品の価格が押し上げられた結果、台湾経済は破局的困難に陥った。

大陸から来た軍人、官僚は国共内戦の影響で質が悪く、強姦、強盗、殺人を犯す者が多かった。しかし、罪を犯しても犯人が罰せられないことがしばしばあり、罰せられる場合でも、犯人の省籍をマスコミなどで報じることは厳しく禁じられていた。さらには行政公署と国民党軍の腐敗が激しく、汚職は常であり、台湾から接収した物品を上海へ運び、競売にかける官僚まで出る始末であった。

また、台湾には日本軍が三年間食べられるだけの米の備蓄があったが、その米やその他の食料などが内戦状態の大陸に大量に送り込まれたため、物資は不足し、台湾の物価は高騰。超インフレによって企業の倒産が相次ぎ、失業も深刻化した。また、蛇口から水が出るのを見た外省人が、蛇口だけを買い求めてこれを家の壁に差し込み、水が出ないのに立腹して水道屋に怒鳴り込むという無知さに驚き、笑うに笑えないことが日常茶飯的に起きた。

台湾人は国民党軍や官僚の腐敗の凄まじさに驚き、失望した。官僚は能力が低く、行政公署の要職は、新来の大陸からやってきた外省人が独占した。

学校では北京語が国語として強制され、日本語は言うに及ばず、台湾語や客家語なども方言として、その使用が厳しく禁止された。それまで日本の高等教育を受け、法治による生活習慣を身に付け、不正の少なかった日本の統治を体験した台湾人にとって、治安の悪化や役人の著しい腐敗は到底受け入れがたいものであった。人々の不満はいやが上にも高まっていった。

当時の台湾人は「犬去りて、豚来たる」と揶揄した。犬は吠えるが、守ってくれる。しかし、豚は食い散らかして、自分が肥えるだけでなにもしないというような意味である。

日本内地にいた台湾人の若者や知識人は、台湾再建のために日本を引き揚げ、台湾に帰ってきて、その惨状に驚いた。鍵をかける必要のなかった日本統治時代が、嘘のように変わっていた。学校では二桁の掛け算もできない教養のない人間が、教師として生徒を教育していた。ただ、北京語が話せるというだけのことで教壇に立っていたのである。

近藤兵太郎一家も引き揚げ組に入っていた。物価が高騰し、治安も悪くなり、生活がしづらい環境になっていた。嘉義は昭和十九年十二月の大空襲によって、壊滅的な状態になっていた。ただ、幸いなことに嘉義駅も縦貫鉄道も健在だったので、引き揚げは基隆まで汽車で行き、そこから引き揚げ船で帰国することにした。兵太郎は、嘉義農林の浜田次箕先生や親戚の津田定次郎とも連絡を取りながら、引き揚げ準備をした。

引き揚げ最終船が基隆を出るのは、四月二十五日と発表された。兵太郎一家は、妻のカナヱと英子、和子、芊子の三姉妹がいた。長男の高昌は東京の大学にいて学徒動員されていたが、無事であることはわかっていたので、松山で落ち合えばよかった。

引き揚げ準備をしていると、多くの教え子たちがやってきて別れを惜しんで帰っていった。教え子

引き揚げ船に乗り込んだ日本人

たちは、日本へ持って帰るようにと手土産を持参したが、リュックサック二個と決められているので、全部の品を持って帰ることはできなかった。

兵太郎は嘉義農林時代の多くの写真とボール一個をリュックに入れ、後は砂糖など日本で不足しているものを中心に身支度した。

そんな折、ピューマ族の上松耕一が台東からわざわざ訪ねてきてくれた。兵太郎が引き揚げることを知って、別れを言いにきたのである。上松は一枚の写真を兵太郎に差し出すと、静かに言った。

「日本に帰っても、私たちのことを忘れないでください。私も監督さんのことは一生忘れません」

兵太郎の頬を大粒の涙が流れた。

「忘れない。何があっても忘れることはない。またいつの日か会える日が来るよ」

それを言うのが、やっとだった。

上松についてはいろいろな思い出があった。初

兵太郎に持参した上松耕一一家の写真

めて甲子園大会に出場することになった時、色が黒いのを気にした上松が「内地に着いたら、白粉を塗りたい」と言ってきた。兵太郎は「顔を白くしたら、心の中まで白くなるのか。そのような心配は必要ない。野球のことだけを考えておれば良い」と言ったことを思い出しながら、嘉義駅に上松を送った。辛い別れになった。

上松が渡してくれた写真には、昭和二十年十一月十三日に撮影したと書かれていた。大恋愛の末に結婚にこぎ着けた妻の蔡昭昭と三人の子どもが写っていた。わざわざ写真屋に行って撮したことがわかって、また涙が出た。

大正八年九月に台湾の土を踏んでから二十七年間、大きな足跡を残した嘉義の街を去る日がやってきた。今回の基隆行きの旅は、再び嘉義に帰ってくることのない最後の旅であった。

厚生労働省が引き揚げた上陸地点で手続きを行った者のみの調査統計によると、台湾からの引き揚げ者は、軍人軍属が一五七、三八八名、民間人が三二二、一五六名であり、戦没者は四一、九〇〇名となっている。

兵太郎一家は、昭和二十一年四月二十五日、鹿児島経由で郷里の松山市に帰ってきた。松山市の中心街が焼け野原になっているのを見て心が痛んだ。県庁以外のめぼしい建物は、ほとんどが焼失していた。ただ、見慣れていた松山城と道後温泉本館が無事に残っていて安堵した。兵太郎は、友人の世話で道後の家を使わせてもらうことになった。

仕事はまだ見つかっていなかったが、台湾で教職に携わっていた関係で、学校で働くことを望んだ。五十八歳になっている兵太郎に、肉体労働は無理だった。

そのうちに、私学であったが済美《さいび》高校から事務職員の椅子が空いているとの話がもたらされ、二つ返事で就職することにした。嘉義農林で書記の仕事をしていたので、仕事の内容については問題がなかった。自宅からは、自転車で通うことにした。

済美高校は女子校で、野球部はなかった。済美高校で事務職員として働いているうちに、これまた私学の新田高校から誘いがあった。新田高校は男子校で、野球部があった。その野球部の監督をしてほしいというのである。誰がどこで聞いたのか、台湾の嘉義農林の監督をして、甲子園に何度も出場させた監督であるということを耳にしたらしい。

老体にむち打って、新しいところで指導するの

昭和28年松山球場での呉昌征と今久留主功と兵太郎

も悪くない。それに自分から野球を取ったら何が残るのかと自問自答を繰り返した。家族以外に自分を支えるものは野球しかないと考え、誘いを了承した。もう一度、これからの日本の復興を担って立つ若者を育てたいという考えもあった、

昭和二十五年（一九五〇）兵太郎は新田高校野球部の初代監督に就任した。

済美高校での仕事が終わると、自転車で新田高校のグラウンドに行く生活が始まった。嘉義商工専修学校で、午後四時になると自転車で嘉義公園グラウンドに駆けつけた時のことを思い出し、苦笑した。同じことを今度は松山でやっているからである。だが妻のカナヱはそれを喜んだ。野球を取り上げた兵太郎など、考えられなかったからである。

兵太郎にはもう一つ楽しみがあった。これまで学生野球にだけ熱中してきたが、プロ野球にも興味を持ち始めていた。教えた選手がプロの道に入り、活躍していたからである。

松山商業時代の教え子では、藤本定義と森茂雄がいた。藤本定義は松山商業を卒業後、早稲田大学に入学し、投手として活躍。大正十四年秋の復活早慶戦で勝利投手となる。鋭いカーブを操り「カーブの藤本」といわれた。大学卒業後、東京鉄道局野球部の監督に

新田高校グラウンドの兵太郎

なったが、その後腕を買われて巨人軍の監督になり、兵太郎が帰国した時にも監督を続けていた。

もう一人の森茂雄は、昭和十年に甲子園大会で師弟対決をした監督で、全国中等学校優勝野球大会で松山商業を優勝させた後、大阪タイガースの監督に就任している。兵太郎が引き揚げた頃には、請われて東京帝国大学野球部のコーチを務め、同大学初の二位躍進に貢献していた。

嘉義農林の教え子では呉明捷、呉波（呉昌征）、今久留主淳《いまくるす》、今久留主功、呉新亨などがいた。呉明捷は早稲田大学を卒業後、野球の道に入ることなく会社員になり、家族とともに東京で暮らしていた。呉波は嘉義農林を卒業すると東京巨人軍に入団し、俊足、強肩の外野手として活躍して「人間機関車」と呼ばれた。兵太郎が松山で一段落した頃には、二年連続首位打者を獲得していた。

教え子たちも兵太郎のことは、忘れていなかった。東京や大阪に招待したり、松山球場に試合に行くと必ず兵太郎を訪ねたり、試合会場に招待したりしてくれた。

兵太郎は再び、今度はプロを含めた野球の世界にどっぷりと浸かることになった。

新田高校の監督は次の監督が見つかるまでと考えていた兵太郎は、五年後に身を引いた。新田高校野球部を甲子園大会に連れていくことができなかったことだけが悔やまれた。その後は、愛媛大学の野球部へ顔を出したりして過ごした。

兵太郎の教え子は、三人も野球殿堂入りをしている。藤本定義、森茂雄、呉昌征の三人である。このことひとつを見ても、兵太郎の野球道がいかに優れていたかわかるであろう。近藤兵太郎は、まさに野球の名将であった。

兵太郎は小坂町四丁目に自宅を新築し、そこに居を構えた。昭和三十年には嘉義農林でともに苦労した浜田次箕が、夫人や四人の子どもとともに宮崎から訪ねてくれた。近藤家も浜田家も引き揚げるまで嘉義でともに暮らし、家族同様に付き合いをしていたから懐かしく、嘉義での話に花が咲いた。

台湾での生活が走馬燈のように次から次へと浮かんでは消え、消えては浮かんできた。古希の祝いも小坂町の自宅でした。まだ体力には自信があったが、踏ん張りが利かなくなっていくのはわかった。そんなある日、寝汗をかき、熱が出て体重が低下していく異変に気づいた。首のつけね、脇の下、足のつけねなどにしこりがあり、県病院で診察を受けると悪性リンパ腫の一種、ホジキン氏病と診断された。入院して治療に専念することにしたが、昭和四十一年五月十九日午後五時過ぎに帰らぬ人となった。七十八歳であった。兵太郎は死を覚悟していたのか、辞世の句が達筆な文字で書き残されていた。

松山に訪れた浜田次箕一家

「球を逐いつ球に逐われつたまの世を終わりて永久に霊石のした」

兵太郎が残した野球に関する遺品は、嘉義農林で使っていた硬球一個だけであった。このボールには「球は霊なり」と清書されていた。松山と台湾嘉義を舞台にした五十年に及ぶ波乱の野球人生は、静かに幕を下ろした。

小坂町の自宅で行われた葬儀には、教え子たちから贈られた花輪が幹線道路から自宅まで延々と続いていたという。

終章　嘉義の街を訪ねて

木造から鉄筋コンクリートに改築された嘉義駅（昭和８年）

現在の嘉義駅

本書を書くに当たり、筆者は嘉義の街を訪ねることにした。嘉義農林が甲子園で準優勝したのは昭和六年のことである。近藤兵太郎はどのような街に住み、どこの学校に勤務し、放課後には嘉義農林の生徒をどこで指導していたのか、どうしても知りたくなったのである。

そこで、昭和六年頃の嘉義市の地図を探した。当然、日本統治時代に作られた地図である。その地図があった。昭和九年に発行された「台湾鉄道旅行案内」という当時のジャパンツーリストビューロー台北支店が出版した、台湾のガイドブックである。この本の中に主要都市の地図が掲載されていて、嘉義市の地図もあった。

この本は三十五年前、筆者が高雄日本人学校に勤務していたときに台湾の歴史を知りたくなり、台北の古本屋で購入した数十冊の本のなかの一冊で、日本時代に出版されたものである。早速、嘉義の地図を拡大コピーして、平成二十七年七月に台湾へ飛んだ。台北から台湾高速鉄道に乗り、嘉義高速鉄道駅に着いた。この駅は、嘉義市からかなり南にあるため、駅から出ている無料のリムジンバスに乗って、在来線の嘉義駅に行った。

嘉義駅は、明治三十五年に造られた最初の木造の駅ではなく、その後建て替えられた鉄筋コンクリート製の日本統治時代の駅である。近藤兵太郎一家もこの駅に降り立ち、駅前の青柳旅館で嘉義の一泊目を過ごしたはずである。

兵太郎一家が宿泊したであろう駅前の青柳旅館は、もうなかった。ないはずである。嘉義は昭和十九年の十二月、陸軍航空隊が常駐していた嘉義陸軍飛行場があった関係でアメリカ軍の猛爆撃を受け、台南市同様に破壊されていたのである。この飛行場は、現在も中華民国軍の空軍基地として使われている。

幸いなことに嘉義駅は木造ではなかったので燃えないで残り、今日まで使われているのである。

駅前のホテルに宿泊し、翌朝五時に起床して、昭和九年製の地図を片手に歩いてみた。

当時、嘉義市で最も賑やかな通りといわれた栄町通りを歩くと、道は結構広く、片側二車線もある。車があまり発達してなかった当時としては、大通りであったはずだ。現在は孫文の号である中山路と表示してある。朝五時過ぎなので、まだ車も人も姿を現していない。これが、八時頃になると地面が見えないくらいの混雑になる。

中山路、かつて栄町通りと呼ばれた

栄町通りを東に歩いていくと、清朝時代に西門があった場所に来た。西門は日本統治時代の明治三十九年に起きた地震で崩壊したので取り除かれ、その場所に円環が造られた。嘉義は水に恵まれた街で、北には朴子渓が流れ、ダム湖も造られていたため円環の中に噴水が造られた。日本時代の噴水は大規模なものでなかったが、当時の台湾では珍しく、嘉義噴水として市民の憩いの場所であるばかりでなく誇りになっていた。戦後は国民党政府によって造り替えられ、規模の大きな円環になったが、昭和四十五年（一九七〇）に七色噴水を増設している。噴水の中央には高さ五メートルの塔があり、その上に孫文のコンクリート像が乗っていた。ところが、平成十四年（二〇〇七）九月十日の大雨で、噴水に立っていた孫文像が崩落したため、代わって嘉義の象徴である「管楽鶏」が立てられていた。

噴水円環に近づいてみると、噴水が上がっていない。池の中の水もかなり濁っている。池の中の「管楽鶏」があった塔の上には、黄金色に輝く投手の像があった。嘉義駅の方に向けてボールを投げる投球ホームの銅像である。この銅像こそが、

日本統治時代の嘉義噴水

1960年に新調された嘉義噴水

嘉義農林のエースで四番バッターだった呉明捷の姿であった。平成二十六年の映画「ＫＡＮＯ」の完成披露式典に合わせて設置されたという。いかに現在の嘉義市民が、嘉義農林の活躍を忘れないでいるかという証であろう。

この噴水から、昔の地図でいう北門町の方に足を運ぶことにした。栄町通りの続きで現在も中山路となっている。地図を見ると、噴水から北東に十字路を三つ行ったところに、兵太郎が勤務した嘉義商工専修学校があることになっている。この学校の隣が税務署で、その前には嘉義市役所、警察署、博物館があると書かれている。

その場所に行ってみると、学校らしきものは見られない。税務署もない。市役所や警察署、博物館と書いてある場所は、何もないただの広っぱになってい

嘉義噴水に設置された呉明捷の銅像

た。

嘉義商工専修学校跡には立派な庁舎のような建物がそびえている。近づいてみると、嘉義市政府と書かれている。日本でいう市役所のことである。隣を見ると嘉義市政府警察署と書かれている。

戦前にあったはずの建物がすべてなくなって見られない。嘉義空襲で焼けてしまったのかもしれない。それで、かつて商工専修学校と税務署があった場所に、市政府庁舎と警察署を造ったのではないかと想像した。

ここまで昭和九年製の地図を頼りに歩いてみたかぎりでは、正確である。建物は新しくなっていて日本統治時代の家を見ることはできなかったが、道路は地図と同じで、兵太郎が暮らしていた当時と変わっていなかった。

それなら、嘉義農林学校も地図の通りにあるのではないかと心が弾んだ。市役所のあった北門町を越えると旧宮前町に入る。旧宮前町の一角に嘉義農林学校があるように、地図に書かれている。地図では、真っすぐ東に進んでいくと嘉義神社に行き当たると書いてある。市役所があった場所から、十字路を六つ進んだところに嘉義農林の学校があるはずだ。その場所へ来た。赤煉瓦の大きな建物があり、学校の校門がある。庭を見ると職員が整列して話を聞いている。上司が訓辞をしているのであろう。話が終わったので、中に入ってみると今度は太極拳を始めた。

建物の文字を見ると「国立嘉義高級商業職業学校」と書いていて、嘉義農林らしい気配はない。先ほど話していたのは校長で、並んでいた職員は教員であった。きょろきょろしていると職員がやってきたので、「日本語できますか」と片言の中国語で言うと、「ちょっと待ってください、日本語できる職員を連れてくる」と言う。待っていると、かなり年配の職員がやってきた。

「ここは昔の嘉義農林学校ですか」と聞くと、「そうです。しかし当時の建物は残っていません。当時の面影は運動場だけですね」と言う。ここが呉明捷や上松や蘇たちが通って勉強していた場所だったのである。むろん、近藤兵太郎も来ていたはずである。当時の面影は残っていなかったが、そのことをしのぶだけでなぜか感動してしまった。

嘉義農林学校は、戦後、他の学校と合併して大きくなり、現在は嘉義大学として他の場所に移っているとのことであった。したがって、嘉義農林に関する資料は全部嘉義大学に移っているという。

後日、その嘉義大学に行ってみた。嘉義大学は話に聞いた通り、旧嘉義農林学校のあった場所から南東の方向にある蘭潭水庫（ダム）の傍に移転していた。本館前には嘉義農林野球部に関するモニュメントが展示されていた。近藤兵太郎の銅像も、蘇正生とともに設置されていた。

旧嘉義農林学校の校門を出て二、三メートル歩くと、「台湾

かつての嘉義農林学校があった場所

野球栄光の源」「嘉義農林学校の昔の場所」という大きなディスプレーがあり、学校の前の歩道を「KANO歩道」と命名し、嘉義農林野球部の栄光の歴史を写真と文字を陶板に焼き付けて展示していた。

ここが嘉義農林学校の場所だったのなら、道路を越えた場所に嘉義神社があるはずである。嘉義神社へ行く参道の北には嘉義公園があり、南には嘉義公園グラウンドがあったはずである。地図を見ると、そのように配置されている。

嘉義神社の石段

嘉義公園野球場

広い道路の信号が青になるのを待って渡っていくと、嘉義公園の文字が飛び込んできた。広い庭園内では、多くの人が楽しそうに太極拳をしている。それを横目で見ながら坂道を登っていけば、嘉義神社の石段が見えるはずである。

小高い丘の上まで来ると、野球場があった。野球場の前には、嘉農精神と書いたバットのモニュメントが置かれていた。この野球場は、戦後造られたという。戦前は嘉義公園グラウンドといわれた場所である。そう、嘉義農林野球部の練習場だった場所に、野球場ができていたのである。

ここで、近藤監督は部員をスパルタ式に鍛え、絶対に諦めない「嘉農精神」を身に付けさせたのである。たたずんでいると、近藤監督の叱咤激励する声が聞こえ、部員の走る、打つ、投げる姿が浮かんできそうになった。今から八十五年も前のことであるにもかかわらず、つい昨日のことのようにそのときの情景が現れてくるのである。映画「KANO」を観た後に訪ねてきたからだろうか。

球場の正面から東を見ると、嘉義神社の石段が見えた。兵太郎が監督を引き受けた後、部員を集合させて嘉義市内を一望させ、毎日市内を一周してから練習するように指示した場所である。

神社の境内は広く、大きな樹木がそびえていた。石段の両脇には石灯籠が置かれている。よく見ると「北港郡氏子中」とか「新高製糖嘉義工場」の文字が刻まれている。寄進したのであろう。

さらに石段を登っていくと、木造の社務所の前に来た。塀の外から覗いてみると立派である。書いてある説明文によると、これは総阿里山檜で造られた貴重な建造物で、史跡として保存していると綴っている。日本式の鳥居は取り払われ、中国式になっていた。さらに石段を登っていくと本殿のあった場所に来たが、本殿はなく、大きな円筒形の展望台兼展示場が造られていた。入り口には「射日塔」と書かれている。聞くところによると、嘉義神社は戦後もそのままの状態で大切に保存されていたが、平成六年に火災で焼失したとホテルの主人が話してくれた。他の都市の神社は壊されたが、嘉義神社は壊させなかった。惜しいことをした。

「立派な総檜造りの神社で、嘉義の名物だった。惜しいことをした」

ホテルの主人は、上手な日本語で残念がった。

嘉義神社一帯の小高い丘を「山子頂」といって、戦前は見晴らしの良い場所であった。野球場を一周して坂道を降りてくると、嘉義中学があった場所に来た。今でも校名を変えて学校として使っていた。

近藤兵太郎一家が昭和二十一年に引き揚げるまで住んでいた街、嘉義。四人の子どもに恵まれ、嘉義農林を「天下の嘉農」にした街へ、日本の統治が終わって七十年後に訪れたわけだが、嘉義の街は兵太郎が住んでいた頃と区画はほとんど変わっていなかった。

帰りに、北門駅に足を伸ばした。この駅も日本統治時代のままの姿で使われていた。阿里山へ行くための山岳鉄道の駅で、当時の蒸気機関車が残っていた。

この駅の近くには、日本統治時代に営林署で働いていた多くの日本人のための宿舎が造られていた。戦後も、そのまま放置されていたものを改修したり、移築して「檜意森活村」として解放し、現在、観光地として訪れる人も多い。この一角の家屋が、映画「KANO」に登場する近藤兵太郎一家の家として使われた。

現在も使用されている北門駅舎

最後に、嘉義駅に行ってみた。兵太郎が嘉義に初めて来たのも嘉義駅なら、去っていったのも、甲子園に行くため選手とともに乗り込んだのも嘉義駅だった。

嘉義駅のプラットホームに立つと、昔のままの情景が広がっているような錯覚を覚えた。蒸気機関車が走ってきたら、まさに昭和の時代にタイムスリップしたような錯覚を覚えるだろう。兵太郎はこのプラットホームから、どんな気持ちで家族を伴って引き揚げていったのか考えながら、高雄行きの莒光号に乗り込んだ。

台湾へ旅行する場合、旅行会社の企画する観光旅行だけでなく、日本統

現在の嘉義駅プラットホーム

日本統治時代の嘉義駅プラットホーム

治時代にいかに多くの日本人が台湾の近代化に情熱を注いできたか、近藤兵太郎のように台湾人や原住民族を差別することなく台湾の青少年に夢を与えてきた事実を知るための旅をしてほしいものである。

嘉義を訪ねれば近藤兵太郎監督が、台南市の烏山頭《うざんとう》ダムを訪ねれば八田與一技師が、二人を尊敬してやまない多くの台湾人とともに温かく迎えてくれるはずである。

あとがき

私は海外日本人学校の教師になるため受験し、幸い合格した。文部官僚との面接試験で、希望する赴任地（都市名）を聞かれたとき、戦後教育で「日本人はアジアで悪いことばかりしてきた」と教えられてきた私は、日本の軍隊が足を踏み入れていない国に赴任したいと思い、ケニアのナイロビを第一希望にした。ところが赴任先となったのは、日本が五十年間統治した台湾の高雄日本人学校であった。三十五年前の、昭和五十五年のことである。

赴任して一年あまり経った頃、台湾の友人が台南市を案内した帰りに、烏山頭ダムに連れていってくれた。そこで私は一人の日本人土木技師の銅像に出逢った。戦後の台湾に日本人の銅像があることにも驚いたが、その後ろに日本人夫妻の墓が造られていることにはもっと驚かされた。

墓碑銘を見ると八田與一・外代樹之墓と彫られていて、側面には「中華民国三十五年十二月十五日嘉南大圳農田水利協会建之」とある。中華民国三十五年といえば日本敗戦の翌年のことであり、大陸から台湾接収にやって来た蔣介石率いる国民党軍によって、日本人の銅像や墓が壊され、日本色が一掃されていった時期である。そのようなときに八田夫妻の墓は造られていた。

いったい八田與一という日本人は、戦前この台湾で何をしたのか知りたくなった。調べていくと驚くことばかりであった。日本人は外地で悪いことばかりをしてきたと教えられていたのに、話が違うのである。

地元の農民の話を聞くと「神様のような人だ」という。「八田さんがいなければ、嘉南の農民は今のように豊かな生活はできなかった。日本人は本当に良いことをしてくれました」という。

台湾のことに無知だった私は、台湾四百年の歴史、その中でも特に日本統治時代の五十年の歴史を知りたくて、本を読んだり、現地に行って調べたりした。そのうちに、後藤新平（台湾近代化の父）、新渡戸稲造（台湾製糖の父）、浜野弥四郎（台南上下水道の父）、新井耕吉郎（台湾紅茶の父）、鳥居信平（台湾地下ダムの父）、磯永吉（台湾農業の父）、末永仁（蓬莱米の母）、長谷川謹介（台湾鉄道の父）、羽島又男（台南市の恩人）等々、実に多くの日本人が台湾人から尊敬されていることがわかった。

どの国の歴史にも、光と影の部分があるが、私が受けた教育は、影の部分だけを強調して教える教育だったのである。そういえば、かつて愛媛県は日教組の御三家の一つといわれる時期があり、多感な中学時代に、自虐史観をすり込まれたのであろう。

そのことに気づかせてくれたのが、八田與一であり台湾の農民だった。まさに、目から鱗とはこのことだと思った。私の考え方は一変した。

さらに感動する話を聞かされた。戦前の甲子園大会に台湾代表になった嘉義農林学校野球部が初出場し、決勝戦で負けたものの準優勝したというのである。しかもそのチームが原住民族、日本人、漢民族の混成チームであり、それを指導したのが近藤という日本人だというのである。

そのときは、蓬莱米を開発した末永仁技師と磯永吉技師の業績を調べるのに熱中していたので、やがて嘉義農林の野球部のことなど忘れてしまっていた。

ところが、平成二十六年に突如近藤兵太郎が身近になってきた。松山三越で行われたトークショーで近藤役の永瀬正敏氏や台湾の俳優を間近に見ることができ、続いて台湾映画「ＫＡＮＯ」を一足早く鑑賞することができた。もともと映画鑑賞が大好きで学生時代には自主上映会をしていたこともあり、期待して映画館の椅子に腰を下ろした。三時間という長い映画であったが一時間にしか感じられなかった。永瀬氏の近藤役に感動し、終盤には自分が甲子園にいるかのような気分になり、感涙であった。

主人公の近藤兵太郎が愛媛県松山市の出身だということだけではなく、三民族のチームを指導し、監督を引き受けてわずか一年で弱小チームを台湾代表に育て上げたその人間性に惹かれていく自分に気付いていた。しかも「近藤兵太郎をたたえる会」までできていて、近藤監督を顕彰する記念碑の除幕式を行うという。除幕式に参加すると、実に立派な顕彰碑が造られていた。

この会場に来ていた林司郎会長と話す機会があり、聞いているうちに近藤兵太郎という人間そのものに興味を持った。

どんな理由で台湾に渡っていったのか。どのようにして違う民族の選手を指導して、弱小チームを強くしていったのか。考えれば考えるほど近藤兵太郎の生涯を知りたくなった。野球のことにあまり詳しくないにもかかわらず、人間・近藤兵太郎を書き残しておきたくなり、林司郎会長に話すと、近藤監督の末娘が健在で松山に住んでいるという。早速、電話してお伺いすると、芋子さんのご主人の岩崎徹氏から貴重な話をいろいろ聞かせていただいた。さらに執筆する上で必要と思われる資料や当時の貴重な写真をたくさん提供していただいた。その写真の表面には、近藤監督がいつどこで何をした写真か書いていて、実にありがたかった。写真のほとんどが松山商業時代と嘉義農林時代の野球に関するもので、今日では入手できない当時の写真が数多く含まれていた。また、松山商業野球部のOBである山内智仁氏からは、昭和四十七年（一九七二）発行の松山商業野球部の詳細な記録が書かれた「野球史」と平成十五年発行の「松商野球部百年史」、それに写真まで貸していただいた。特に前者の記念誌には近藤監督のことがかなり詳細に書かれていたのと、試合の経過が細かく書かれていて、野球に詳しくない私でもわかる内容になっていた。

林司郎氏、岩崎徹氏、山内智仁氏の協力がなかったら、この原稿を書き終えることはできなかったかもしれない。心より感謝申し上げたい。また（有）ロケットパンチ社の岡野彰様の尽力により、映画「KANO」で主演された永瀬正敏氏から素晴らしいコメントをいただくとともに、写真まで使わせていただくことができた。この本が多くの人に読まれるとともに、映画「KANO」が多くの日本人に鑑賞され、日本と台湾の絆を深めることに役立つことを心から願っている。

本書を松山市御幸一丁目の名刹千秋寺に眠る台湾野球の礎を築いた名将、近藤兵太郎監督の墓前に捧げたい。

参考・引用文献一覧

野球史	昭和四十七年	松山商業野球部野球史編集委員会	
松商野球部百年史	平成十五年	松山商業高校野球部百年史編集委員会	
嘉南大圳新設事業概要	昭和五年	嘉南大圳組合	枝　徳二
台湾鉄道旅行案内	昭和九年	ジャパンツーリストビューロー台北支部	
台湾治績誌	昭和十二年	台湾日日新報社	井出季和太
台湾事情	昭和十四年	台湾総督府	
台湾総督府職員録	昭和十六年	台湾総督府	
水稲耕種法講演	昭和十九年	台湾農会	磯　永吉
台湾	昭和四十五年	弘文堂	王　育徳
台湾島抗日秘史	昭和五十五年	原書房	喜安　幸夫
台湾統治秘史	昭和五十六年	原書房	喜安　幸夫
明石元二郎	昭和六十二年	光人社	豊田　穣
現代日本土木史	平成二年	彰国社	高橋　裕
凛として	平成十七年	扶桑社	産経新聞
高砂族に捧げる		中公文庫	鈴木明

台湾紹介最新写真集　勝山写真館
台湾史小辞典　中国書店　呉蜜察
磯永吉追想録　川口四郎・愛子・磯百合子
蓬萊米談話　雨読会　磯永吉
永遠的嘉義農林　平成二十六年　嘉義農林ＯＢ会
典蔵　嘉義棒球　行政院体育委員会
人間機関車・呉昌征　岡本博志
街道をゆく　台湾紀行　朝日新聞社　司馬遼太郎
台湾の礎を築いた日本人たち　（株）ユナイテッドツアーズ　緒方英樹
日本統治下における理蕃政策と蕃人野球チーム「能高団」　林　勝龍
ＫＡＮＯ　１９３１海の向こうの甲子園　（株）翔泳社　魏　徳聖

写真提供

岩崎芊子　岩崎徹　林司郎　山内智仁　永瀬正敏　果子電影　国立国会図書館
松山市立子規記念博物館

台湾の古写真については、ほとんどが九十年前後の時間を経過しているため、著作権並びに肖像権がフリーになっていると考えられるが、中にはそうでない写真があるかもしれない。その写真については、残念ながらどこに連絡して許可をいただければ良いのか探すあてがなかった。もし、そのような写真について権利を保有している方がおられたら筆者に連絡をしていただけるとありがたい。

著者プロフィール

古川　勝三（ふるかわ　かつみ）

1944年　愛媛県宇和島市生まれ
1967年　愛媛大学卒業、以後教職の道を歩む
1980年　文部省海外派遣教師として、台湾省高雄日本人学校で3年間勤務
1983年　「台湾の歩んだ道」台湾で出版
1983年　「台湾を愛した日本人」台湾で出版
1989年　「台湾を愛した日本人」八田與一の生涯青葉図書より出版
1990年　愛媛県総合教育センター情報教育研究室勤務
1991年　「台湾を愛した日本人」で土木学会著作賞受賞
1996年　愛媛県総合教育センター科学教育部技術家庭研究室長
1998年　松山市立旭中学校校長
2000年　松山市立高浜中学校校長
2001年　「嘉南大圳之父」八田與一傳　中国語版台湾で出版
2004年　現職を引退し、以後セーリングヨット「あさ風」で日本各地を航海
2005年　四国・九州一周を達成、2008年本州・北海道一周を達成
2009年　「台湾を愛した日本人」土木技師八田與一の生涯改訂版を創風社出版より出版
2013年　台湾政府観光局より台湾観光貢献賞（Taiwan Tourism Award）授与される
2013年　「日本人に知ってほしい『台湾の歴史』」を創風社出版より出版
現　在　　台湾を愛した日本人Ⅲ　磯永吉＆末永仁の生涯執筆中

著者連絡先
〒791-3162　愛媛県伊予郡松前町出作44-1
E-mail：joconde65@nifty.com

台湾を愛した日本人Ⅱ
「KANO」野球部名監督・近藤兵太郎の生涯

2015年12月20日 初版第1刷発行

著　　者　古川　勝三
発 行 人　中村　幸男
発　　行　アトラス出版
〒790-0023　愛媛県松山市末広町18－8
TEL（089）932-8131　FAX（089）932-8131
E-mail：atlas888@shikoku.ne.jp
HP：http://www.shikoku.ne.jp/atlas/
印　　刷　株式会社シナノパブリッシングプレス